Entre cerros y pitahayas surgieron estos versos, por los caminos agrestes de la delegación de Los Dolores, B. C. S. fueron esas polvaredas y sonrisas de los niños que me acompañaban en la travesía para llegar al internado de Santa María de Toris, Baja California Sur. Las que me hacían buscar una forma de apaciguar mi tristeza por la nostalgia que me embargaba al despedirme de mi novia y mis padres, plasmé en un cuaderno los primeros textos que son el despertar de un sentimiento de agradecimiento hacia las personas que me rodean.

Francisco Javier Arce Peralta originario de tierras sudcalifornianas, reside actualmente en La Paz, Baja California Sur con su familia, estudió el doctorado en Pedagogía Crítica y Educación Popular, donde ha enriquecido su formación profesional para realizar mejor su trabajo, como profesor de educación primaria frente a grupo con diez años de experiencia en todos los grados.

Comparto el talento de mis alumnos para presentarles algunos de sus dibujos en clase, también utilizo algunas imágenes que circulan en la red y fotografías que tengo de las personas que he dedicado algunas palabras que humildemente le son un reconocimiento al ser parte de mi vida. Gracias a todos

SI FUERA ESCRITOR... SOÑARÍA

Cancionero choyero

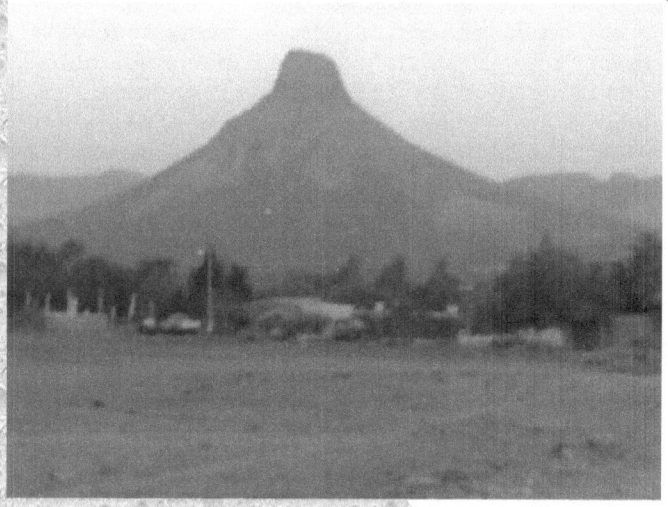

FRANCISCO JAVIER ARCE PERALTA

```
Sistema de Clasificación Melvil Dewey DGME

784
2014
        Arce Peralta, Francisco Javier
        Si fuera escritor soñaría... Cancionero choyero / Francisco
        Javier Arce Peralta – México: Editor Independiente, 2014.
        p.114

        1.   Cancionero popular  2. Literatura regional
```

® Registro de obra en INDAUTOR 03-2014-061110292400-01

El presente texto pretende contribuir a la cultura escrita del magisterio. Mediante una propuesta libre de visualizar los temas del amor, respeto y aprecio a los seres humanos.

Primera Edición, 2014
3ª reimpresión 2015

ÍNDICE

Bellos recuerdos……………………………………	7
Quisiera…………………………………………	9
Solo gracias……………………………………	11
Para ti…………………………………………	13
Te amaré………………………………………	15
Chiquilla………………………………………	17
Mi ilusión………………………………………	19
Siempre contigo………………………………	21
Estamos esperando……………………………	23
¿Qué está pasando?…………………………	25
No te puedo olvidar…………………………	27
Te volví a encontrar…………………………	29
Ya estas lejos…………………………………	31
A mis padres…………………………………	33
A mi madre……………………………………	35
Querido hermano………………………………	37
Nunca vamos a olvidar………………………	39
Cumbia en la escuela…………………………	41
Gracias escuela………………………………	43
Un diplomado…………………………………	45
Valle Querido…………………………………	47

San Isidro………………………………………………	49
Cuando me muera………………………………………	51
Don Ernesto Castillo……………………………………	53
Valientes jovencitos……………………………………	55
Adiós amigos……………………………………………	57
Fidencio Martínez………………………………………	59
Santa María de Toris……………………………………	61
José Velázquez…………………………………………	63
La rutina…………………………………………………	65
En tu boda………………………………………………	67
Recuerdos de la infancia………………………………	69
Don Eligio Arce…………………………………………	71
Perdóname por favor……………………………………	73
No me dejes……………………………………………	75
Hijo querido……………………………………………	77
La cena…………………………………………………	79
Huracán Jimena…………………………………………	81
Un niño en el Internado………………………………	83
La niñez de mi patria…………………………………	85
El arte es mi vida………………………………………	87
Cesar Alfredo Ríos Calderón…………………………	89
Soy sudcaliforniano……………………………………	91

Canto a mi patria…………………………………………..	93
Que te vaya bien………………………………………..	95
Himno al Instituto Mclaren………………………………	97
Canto a Dios ……………………………………..……….	99
Mario "Maritus" Zaragoza………………………………	101
A Ciudad Constitución…………………………………...	103
Al profe Rubén Alvarado……………………………….	105
Profe Juana Julia……………………………………….	107
Profe Francisco Rubio………………………………….	109
Don Gilo Camacho………………………………………	111

PRESENTACION

Nadie sabe lo que tiene hasta que lo ve perdido es una frase que me enseña a valorar lo que Dios ha puesto en mi camino, por ello escribí unos versos con el fin de agradecerle a cada una de las personas con las que he compartido, los escritos están dedicados a personas con las que he convivido.

Reflejan sentimientos y emociones que surgen en diversos momentos, generalmente a solas donde las lágrimas enjuagaron algunas penas por estar lejos de los seres queridos, de igual manera el respeto y admiración por escribir un corrido hacia quienes merecen un reconocimiento especial.

En esta compilación se pretende compartir las ideas que se pueden hacer canción, principalmente en el género norteño con un sabor regional sudcaliforniano, redactado bajo un desierto abrazador que forja el espíritu y convicción por ser humano con los demás.

Se agradece su tiempo a quienes se han tomado la atención de leer este cancionero, todos los que contribuyeron a que este sueño se haga realidad, reciban un cordial saludo por invertir el tiempo, dinero y esfuerzo para alcanzar esta meta.

BELLOS RECUERDOS

Quisiera detener el tiempo
y entregarte mi amor como en un sueño,
poderte acariciar, con tus labios jugar
y tu sonrisa adorna esos momentos.

Te llevo dentro de mi pensamiento,
tengo en mi corazón bellos recuerdos;
contigo soy feliz, sin ti puedo morir,
porque tú eres la luz en mi sendero.

Caminando en la vida por ti pienso,
mi amor es para ti, hoy te lo entrego
en una hermosa flor, te doy mi corazón;
puedes hacer con él lo que tú quieras.

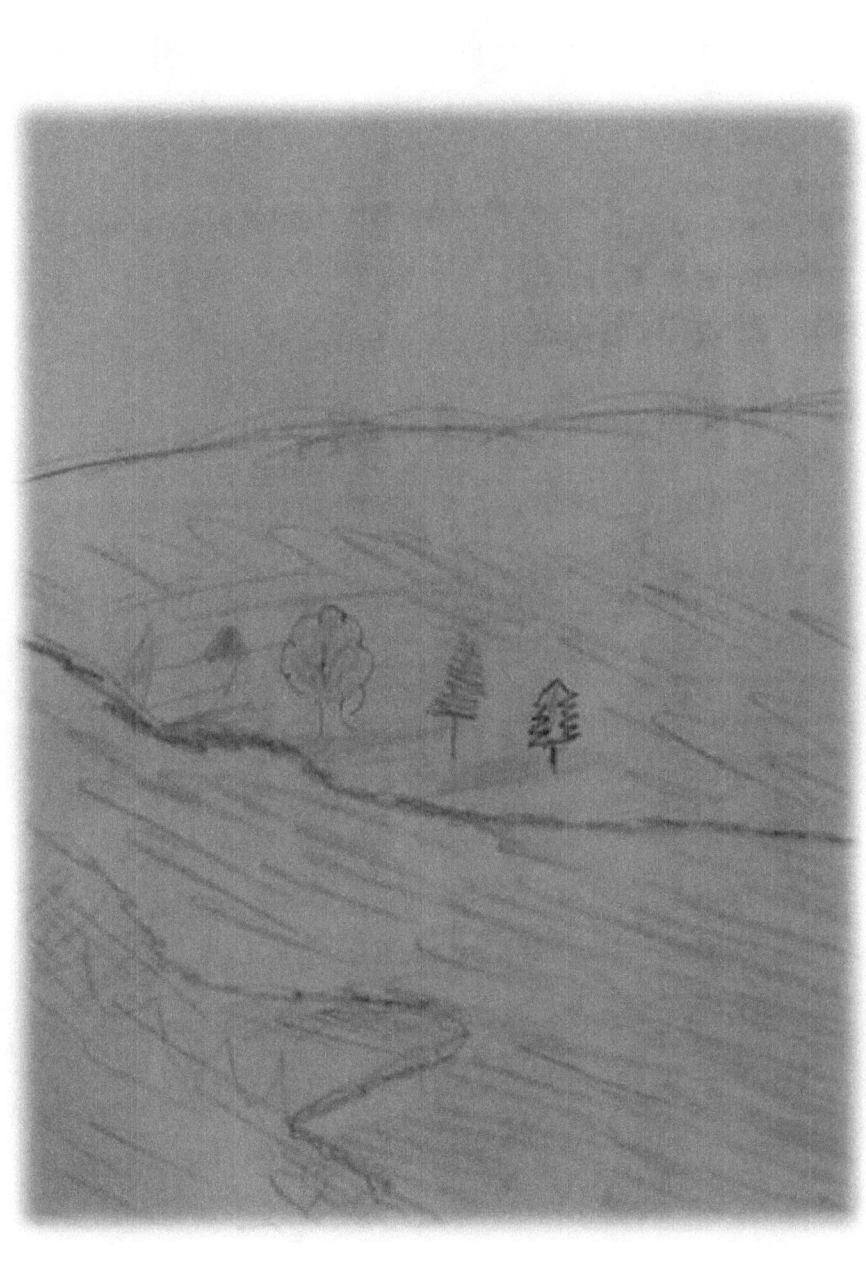

QUISIERA

Quisiera… yo decirte lo que siento,
mi corazón no aguanta esta emoción,
espero que el destino me comprenda;
y nunca me abandones, tú mi Amor.

Quisiera… yo tenerte aquí a mi lado,
para gritarle al mundo que te amo.
Eres la luz que guía, mi sendero;
y siempre vives en mi pensamiento.

Quisiera… robarle al Dios del cielo,
la magia que te de felicidad.
Para que se dibuje una sonrisa,
en tus labios que quisiera besar.

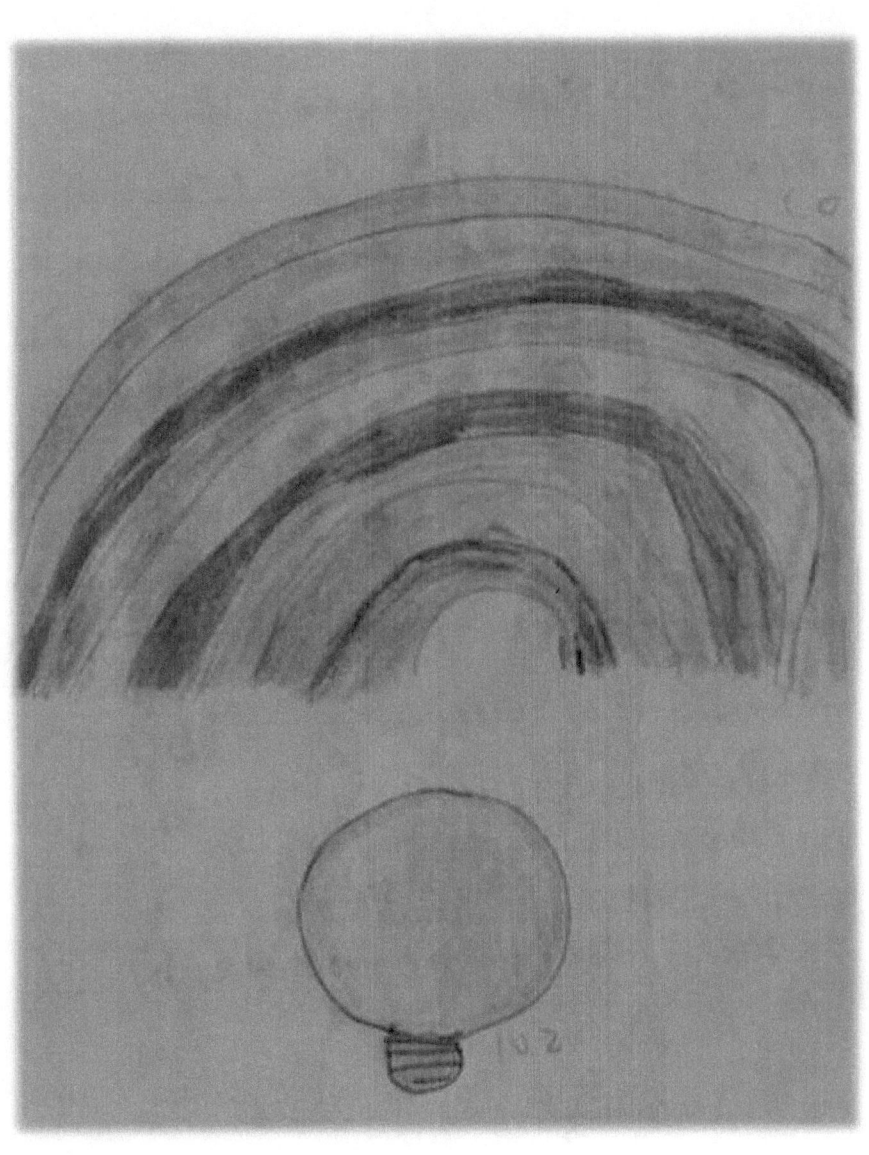

SOLO GRACIAS...

Aquí en mi soledad, te quisiera expresar,
a ti, mi gran Amor; está bella ilusión.

Tú has sido para mí, un amor especial,
alguien por quien luchar, alguien en quien confiar.

Por eso en este día, te digo que te extraño,
te grito que te Amo, mi corazón te he dado.

Llenaste de ilusión, mi vida atormentada,
diste paz a mi alma, sólo te digo Gracias.

Un día te encontré, de ti me enamoré,
no se ni como fue, cuando yo te miré.

Llegaste a mi vida, dándole alegría,
con tu tierna sonrisa y tu dulce mirada.

Por eso en este día, te digo que te extraño,
te grito que te Amo, mi corazón te he dado.

Llenaste de ilusión, mi vida atormentada,
diste paz a mi alma, sólo te digo Gracias.

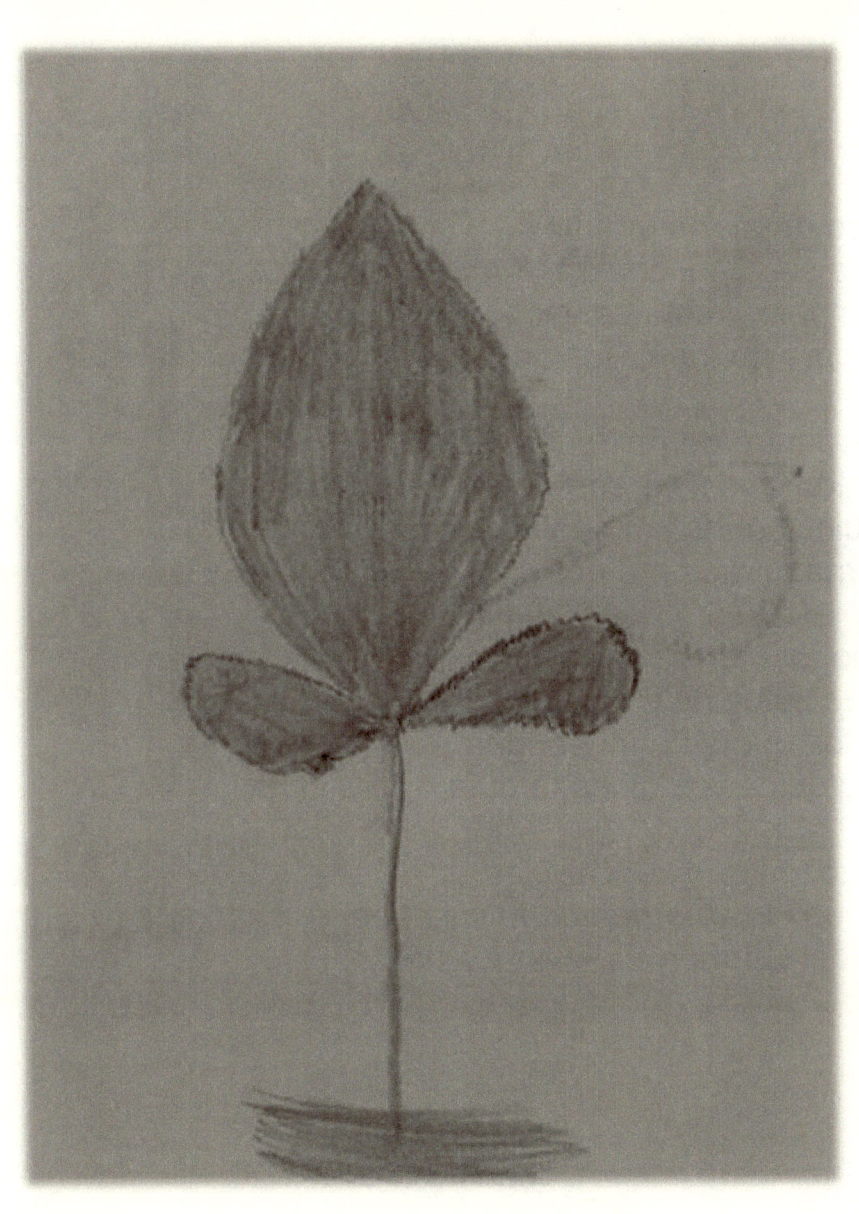

PARA TI...

Quiero regalarte una flor,
en ella se va mi corazón.
Canto para ti esta canción,
eres para mi, bella ilusión.

Vives dentro de mi pensamiento,
a tu lado vivo muy contento.
Tu dulce sonrisa me enloquece,
tu tierna mirada me enternece.

Sueño con tenerte a mi lado,
porque estoy de ti enamorado.
Eres luz que guía mi sendero,
con tu dulce voz dices te quiero.

Mi corazón te dice: Gracias...
por todos los momentos felices que ha pasado a tu lado.
Rubí del Carmen Saldivar Castillo.

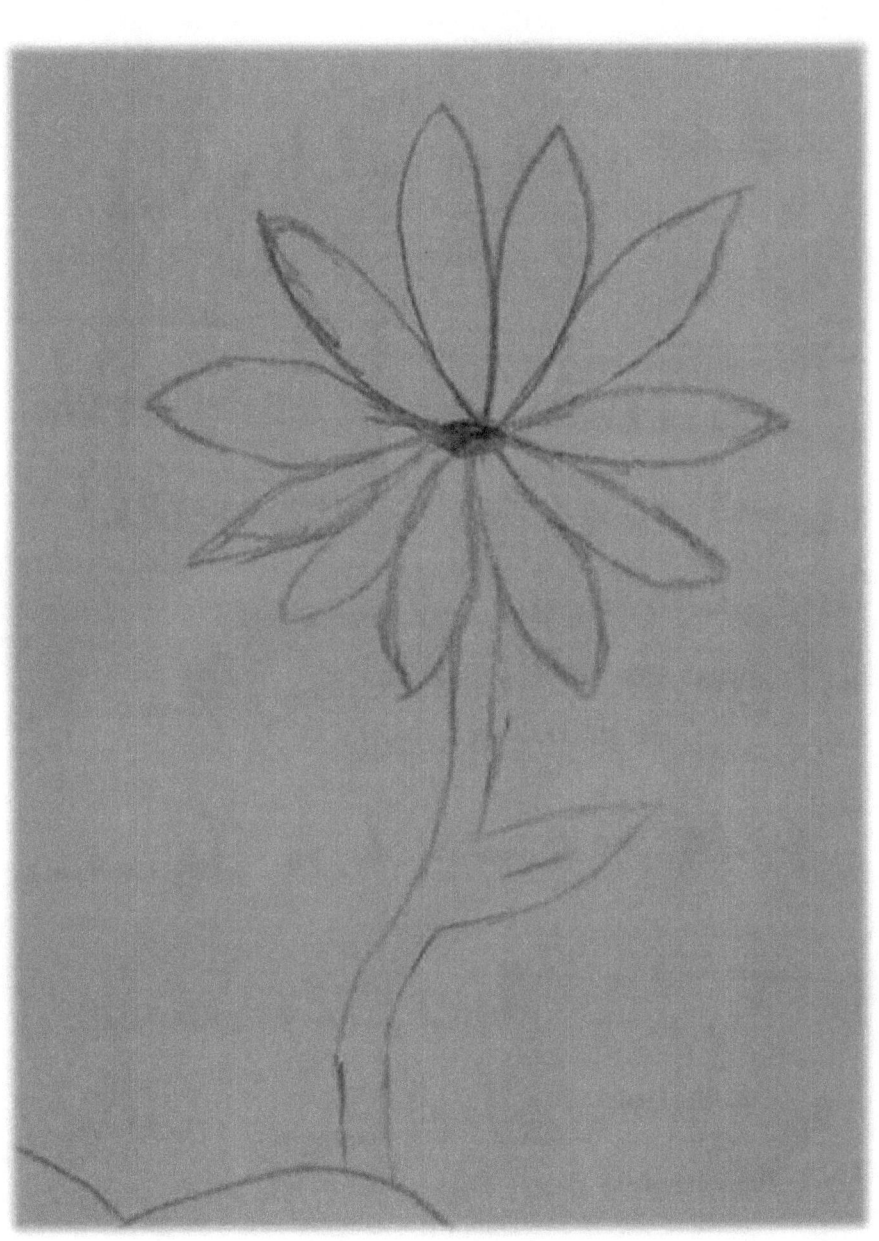

TE AMARÉ...

Te digo, ¡te amo!
te grito, ¡te extraño!
eres la ilusión
que está en mi corazón,

Con un solo beso
me dejas soñando,
cuando estoy contigo
siento una emoción.

Miro tu carita,
tu dulce sonrisa,
contemplo tus ojos,
me pongo a soñar,

Con esa mirada
me dices te quiero;
con tus suaves manos,
me haces suspirar.

Siempre te amaré,
chiquilla hermosa
te recordaré,
vives en mi alma

dentro de mi ser,
mi Amor, tú en mi corazón.

Siempre te amaré,
mi chiquilla preciosa,
tu recuerdo vive
dentro de mi ser,
no tengo palabras
para agradecerte
y los cuatro vientos
confieso este amor.

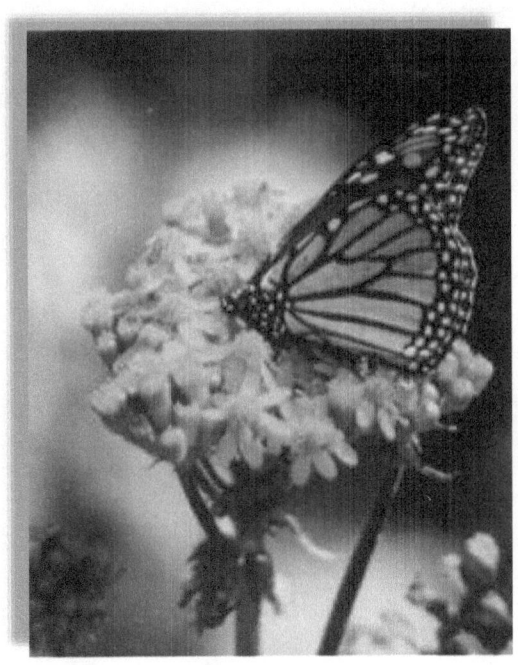

CHIQUILLA...

Chiquilla preciosa,
mi princesa hermosa,
como una joya
que brilla en mi ser.

Tu suave sonrisa,
tu linda mirada,
ilusiona mi alma
con raro poder.

Como te recuerdo
y solo en ti pienso,
tú vives en mi ser
como una ilusión.

Con tus caricias,
alegras mi corazón.
Con un te quiero
sueño con tu dulce amor.

Son tus abrazos
la emoción en mi vivir,
y con tus labios
un beso me enloqueció.

Me dices te amo,
contesto te extraño,
solo Dios del cielo
nos puede entender.

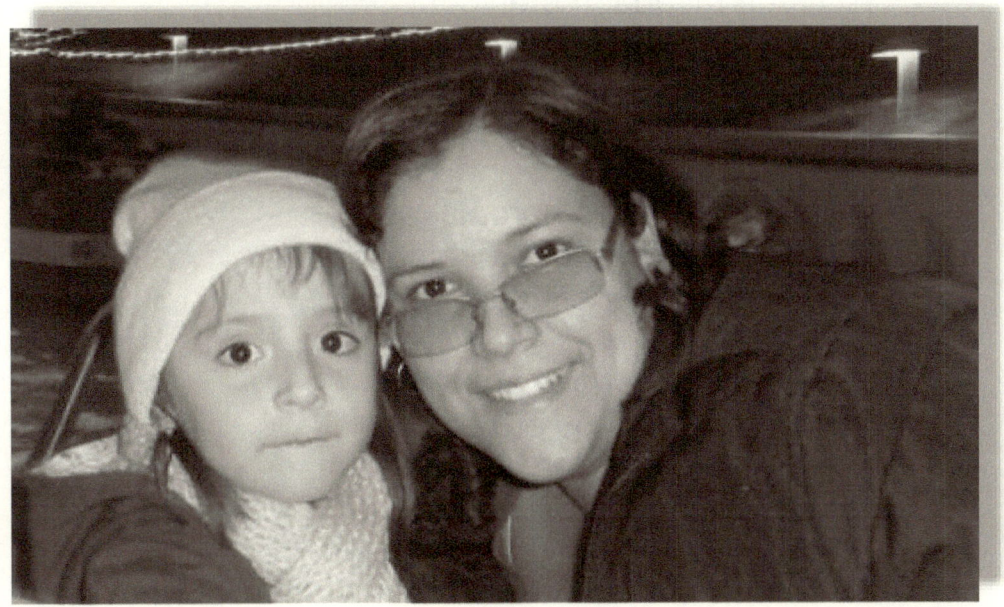

MI ILUSIÓN

No encuentro palabras adecuadas
para agradecerte tu cariño,
eres la ilusión de mi vivir,
ese sueño hermoso que pedí.

Tu sonrisa, adorna tu carita.
Tu tierna mirada, me enloquece.
Vives dentro de mi corazón,
todo el día pienso en ti mi amor.

Quiero por tu Amor, decirte ¡gracias!
busco las palabras apropiadas.
solo espero volverte a mirar,
y esta vida poder disfrutar.

La distancia me hace suspirar
porque a tu lado, quiero estar.
Nuestras despedidas me atormentan,
porque mi cariño en ti se queda.

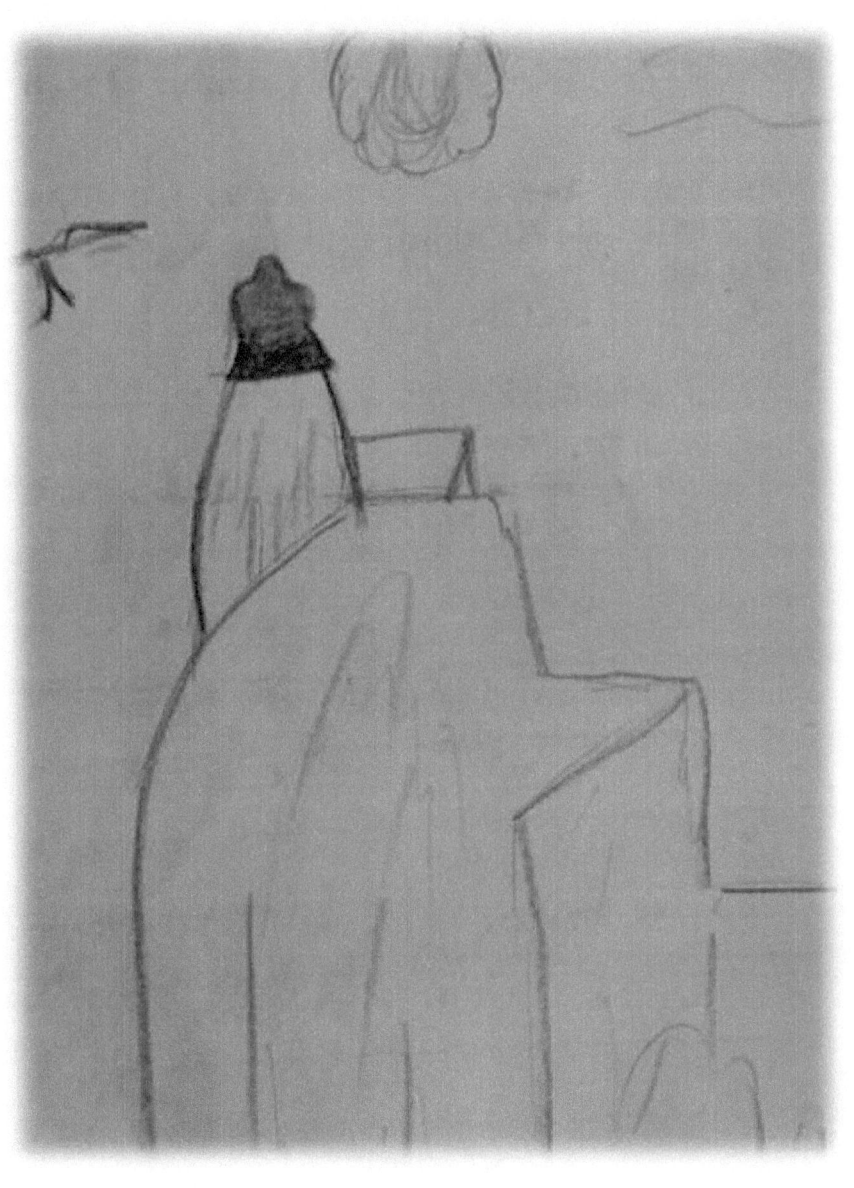

SIEMPRE CONTIGO

Quiero que sepas,
mi vida te extraño tanto.
Eres las reina
de todo mi corazón

Faltan palabras
para decir lo que siento,
y con un beso
te entrego todo mi amor.

Porque a tu lado
hoy me siento muy contento;
siempre contigo
mi vida yo quiero estar.

Aunque esté lejos,
vives en mi pensamiento,
pues tu recuerdo
siempre me acompañará.

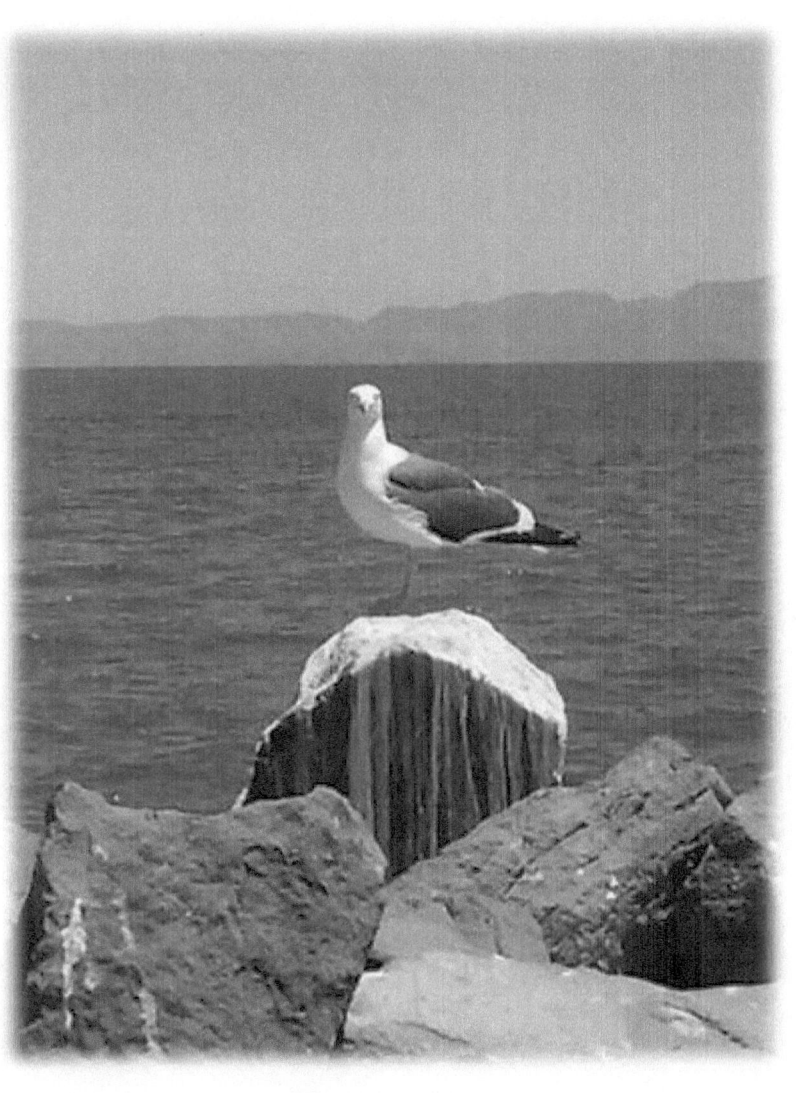

ESTAMOS ESPERANDO

Con la gracia de Dios vienes al mundo,
eres un gran regalo a nuestro Amor.
Ahora vives en un mundo placentero,
pero pronto con nosotros estarás.

No sé qué va a pasar en tu destino,
Solo le pido a Dios, su Bendición.
Como un ángel llegaste a nuestro camino,
confirmando tu venida un gran Amor.

Muy felices queremos darte cariño,
somos padres que tenemos la ilusión.
De tenerte muy juntito entre los brazos,
y esperamos a que nazcas con pasión.

Hijo eres una Bendición de Dios.

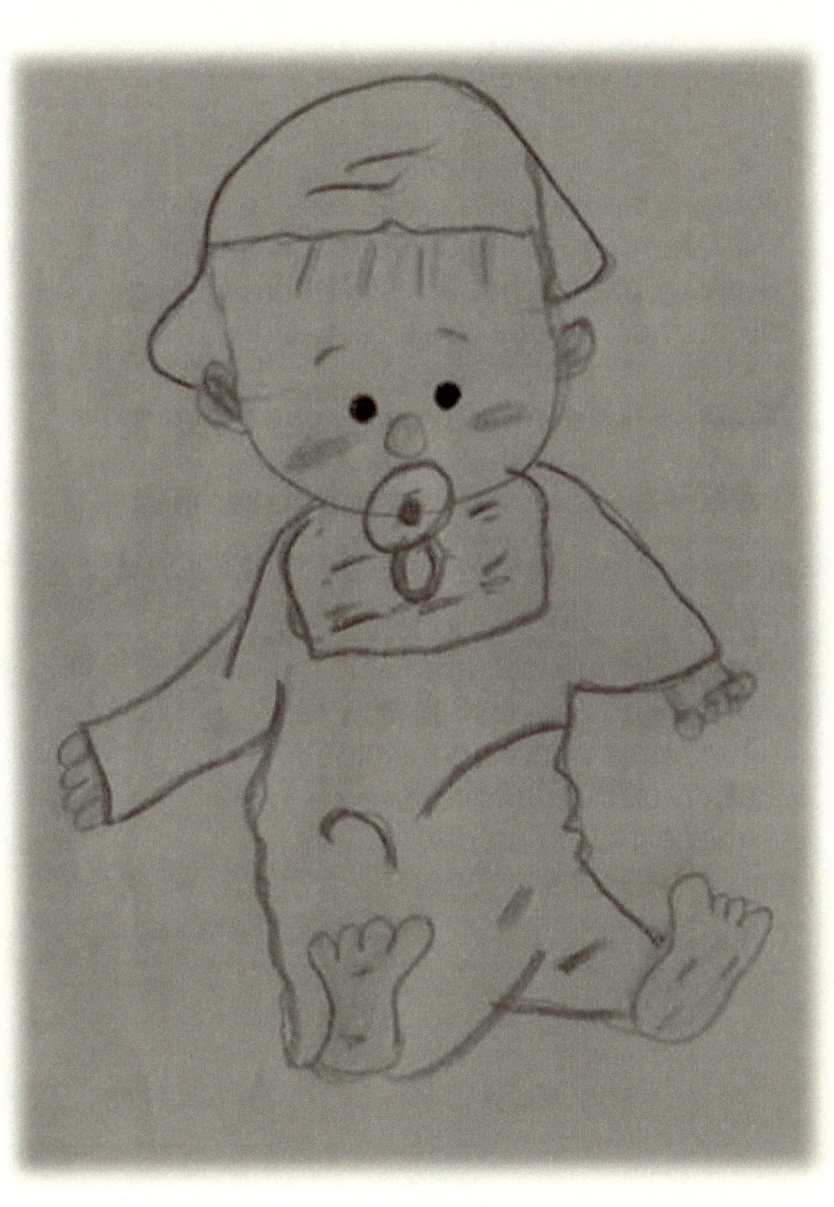

¿QUÉ ESTA PASANDO?

Pregunto a mi papá ¿qué está pasando?
Porque no quiere, que venga al mundo.
Si mi culpa, fue haber vivido en el vientre,
de mi madre, eso no es casualidad.

Yo entiendo a mi papá que tenga miedo,
la vida es muy difícil en su tiempo;
no quisiera que mis padres batallaran
y sufrieran al tenerme junto a ellos.

Papás pido me perdonen,
Porque llegué de improvisto.
Solo les quiero decir
¡Que a mis padres necesito!
Para recibir su amor,
Aunque luchen un poquito.

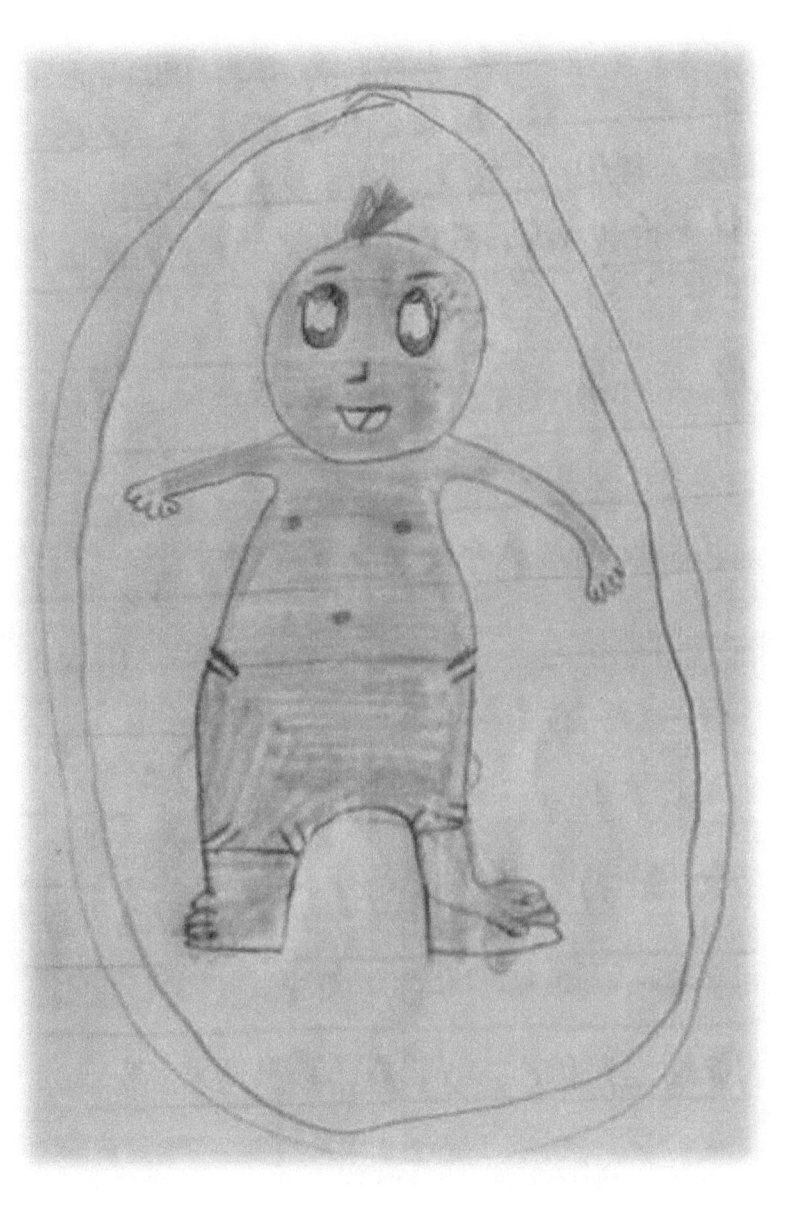

NO TE PUEDO OLVIDAR

Aunque tú no estés conmigo
vives en mi pensamiento,
solo llevo tu recuerdo
cuando lejos me encuentro.

Miro tu fotografía
que acompaña mi cartera,
y una lágrima salada,
viaja por toda mi alma.

La tristeza me atormenta,
no me puedo concentrar;
aunque no estoy a tu lado,
nunca te voy a olvidar.

Te deseo que seas feliz
y no sufras como yo,
solo espero me perdones,
mi princesa por favor.

Caminando por la vida,
hoy te extraño mi chiquilla
pido a Dios que te proteja
y que siempre seas dichosa.

Eres un bello tesoro,
que soñando me encontré,
¡Gracias por todo el cariño!
que nunca imaginé.

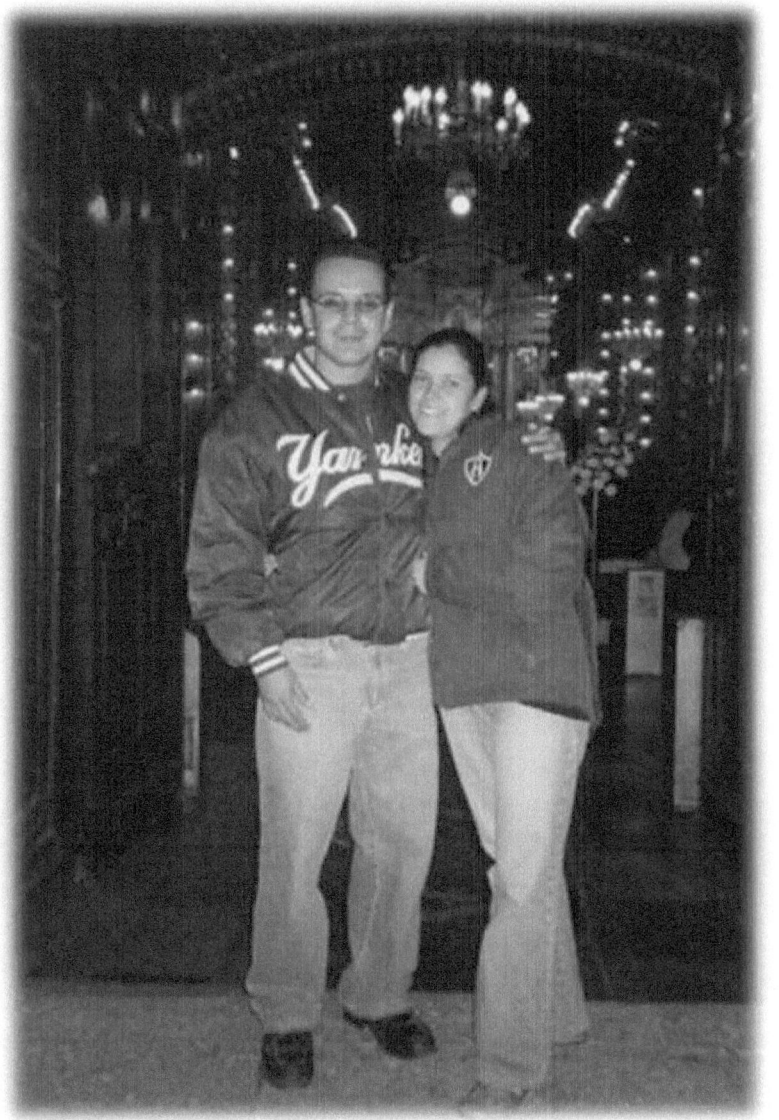

TE VOLVÍ A ENCONTRAR

Hoy te volví a encontrar,
aunque ya ha pasado el tiempo
no me pude resistir,
decirte lo que ahora siento.

Eres una gran mujer,
con cariño te recuerdo,
como poder olvidar,
aquellos bellos momentos.

Desde que te conocí
me brindaste una amistad,
no me atreví a imaginar
que a tu lado pueda estar.

La vida nos separó,
yo sé que fue culpa mía,
tal vez me faltó valor,
me ganó esta cobardía.

Deseo que seas muy feliz,
que Dios cuide tu camino
no fuiste tú para mí,
hay que aceptar el destino.

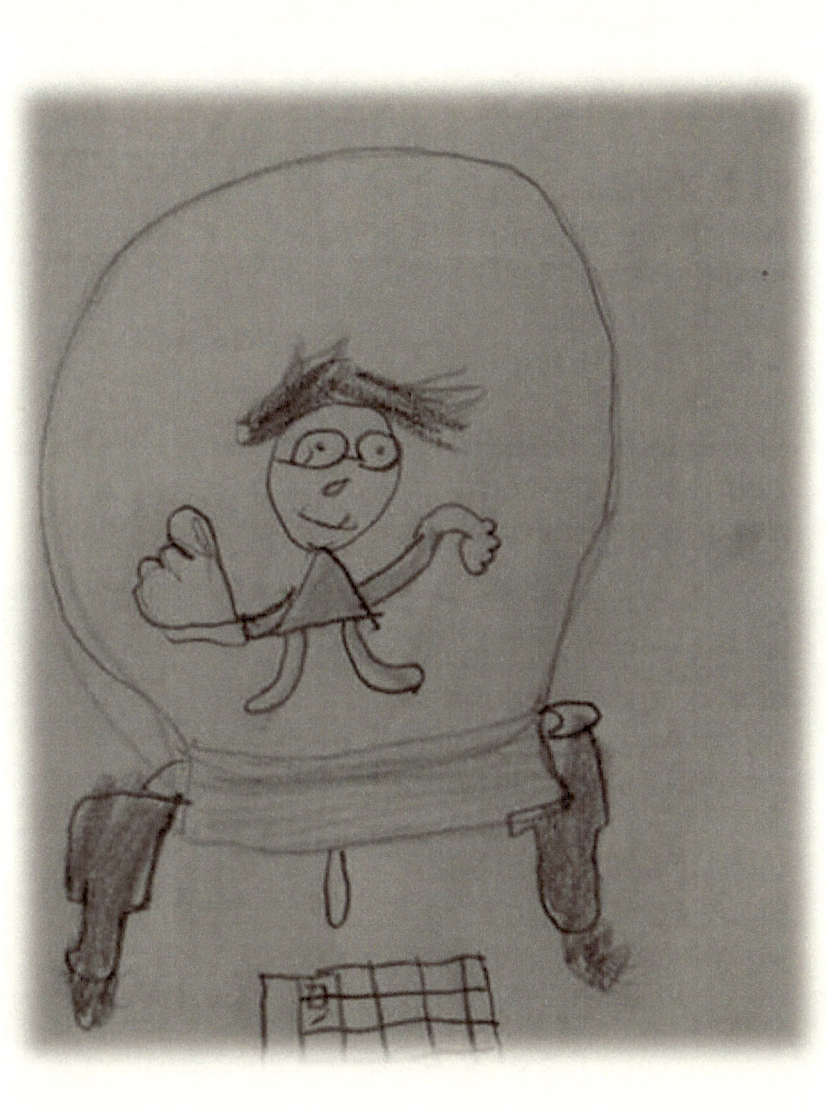

YA ESTÁS LEJOS

Nunca me imaginé
que fuera ser así,
si lo tenía todo
y de repente, lo perdí.

Como te fui a creer,
perdiendo la razón,
destrozaste mi vida
y me robaste mi corazón.

Ahora tú ya estas lejos,
solo queda el recuerdo
de un Amor que fingiste
y que ni el tiempo podrá borrar.

Ojalá y seas feliz,
sigue con tu grandeza
porque con mi pobreza
no pude darte felicidad.

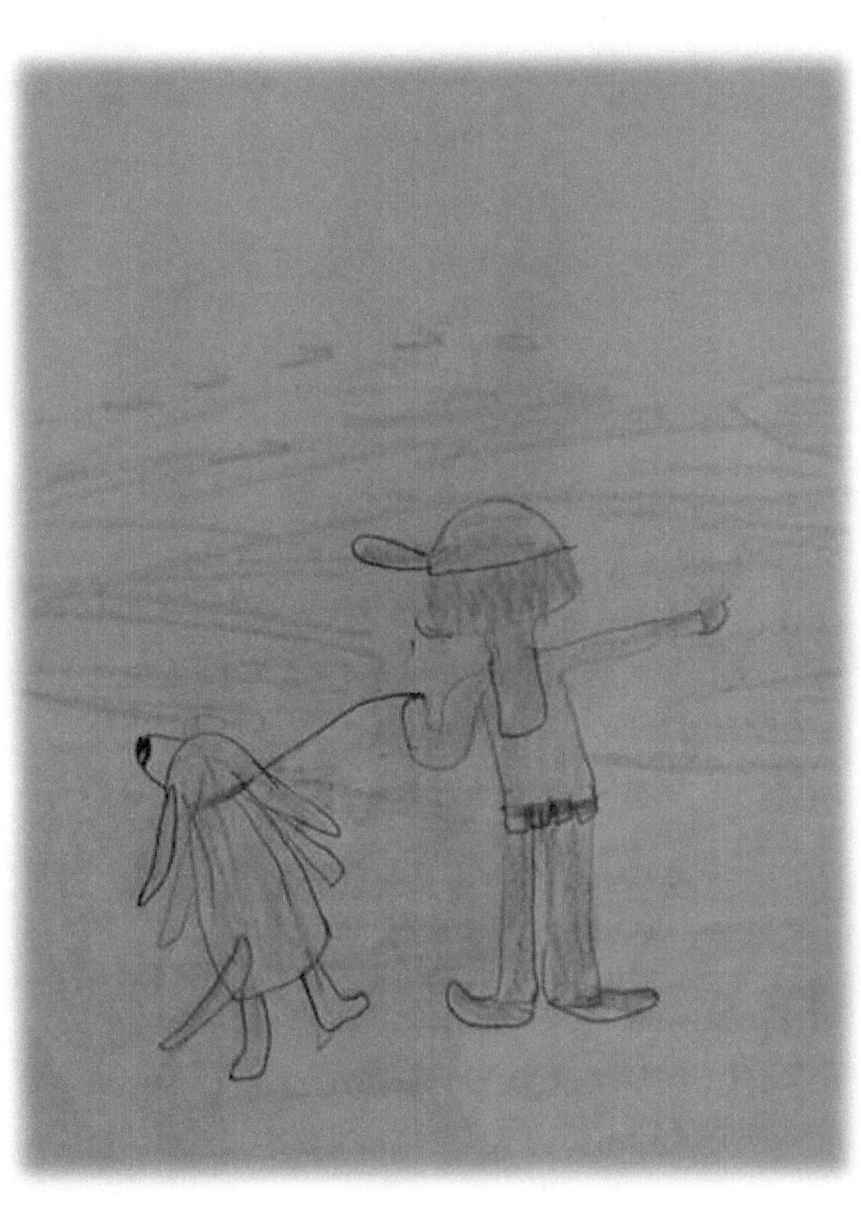

A MIS PADRES

Papá quiero decirte una cosa,
mi corazón no aguanta esta emoción,
tengo ganas de decirte lo que siento
y este canto solo expresa mi ilusión.

Mamá que es lo que está sucediendo,
algo grande siento aquí en mi corazón.
Quisiera decírtelo con palabras
y no puedo solo canto esta canción.

Hoy quiero darles las gracias,
por el amor que me han dado,
son mi regalo de Dios,
a ustedes tengo a mi lado.

Solo pido de favor
que Dios proteja a mis Padres,
que les de fuerza y valor
para que no se separen.

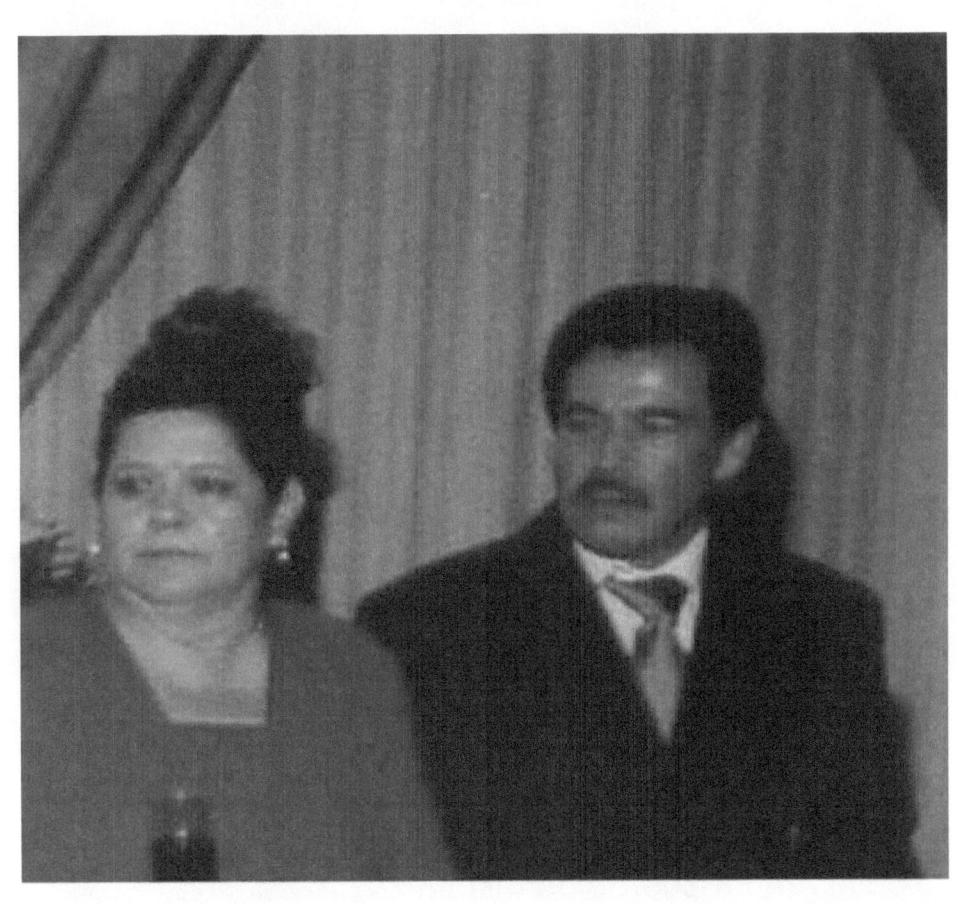

A MI MADRE

Para la reina de mi niñez,
quien me entregó su corazón;
eres mi guía y mi protección.
A ti mi madre te escribo hoy.

Con tus cuidados, me acompañaste,
y tu cariño me regalaste.
siempre en mi mente te llevaré
pues tu recuerdo no olvidaré

En este día quiero gritarte,
a los cuatro vientos esta oración:
¡Madre querida, madre adorada,
gracias por todo tu gran Amor!

Son tus desvelos y tus caricias,
el gran recuerdo de mi niñez,
junto a mi padre y mi hermano
mi gran familia que tengo yo.

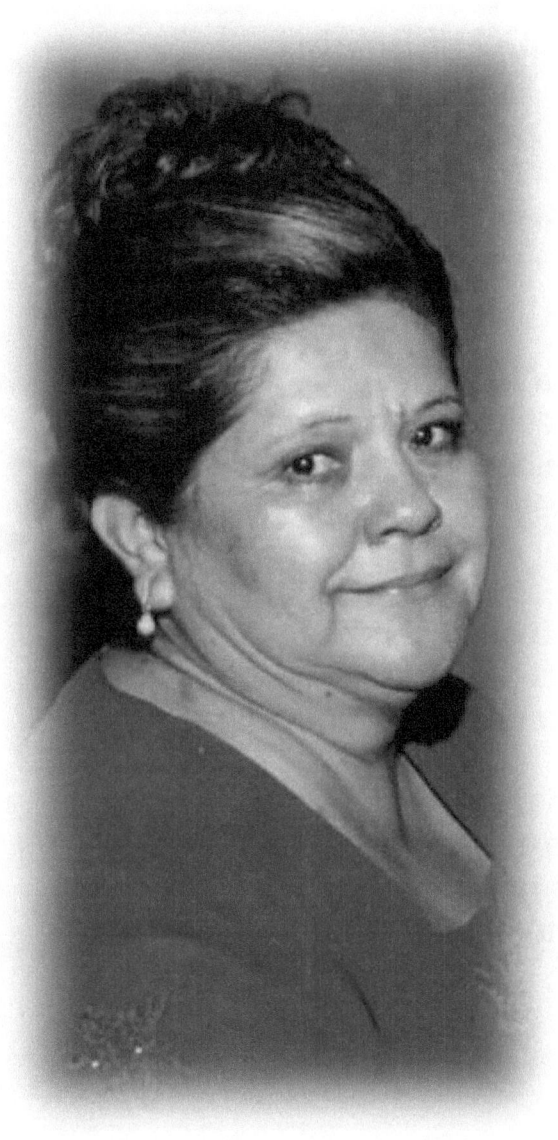

QUERIDO HERMANO

Querido hermano:
Quiero decirte una cosa,
como te extraño
en mi triste soledad.

Eres la sombra
que acompaña mi camino,
tú que conoces
mis tristezas y alegrías.

Junto a mis padres
te llevo en el corazón,
gracias por todo
te digo en esta canción

Faltan palabras
para expresar mi cariño,
ni con mi vida
pago tu amor y respeto

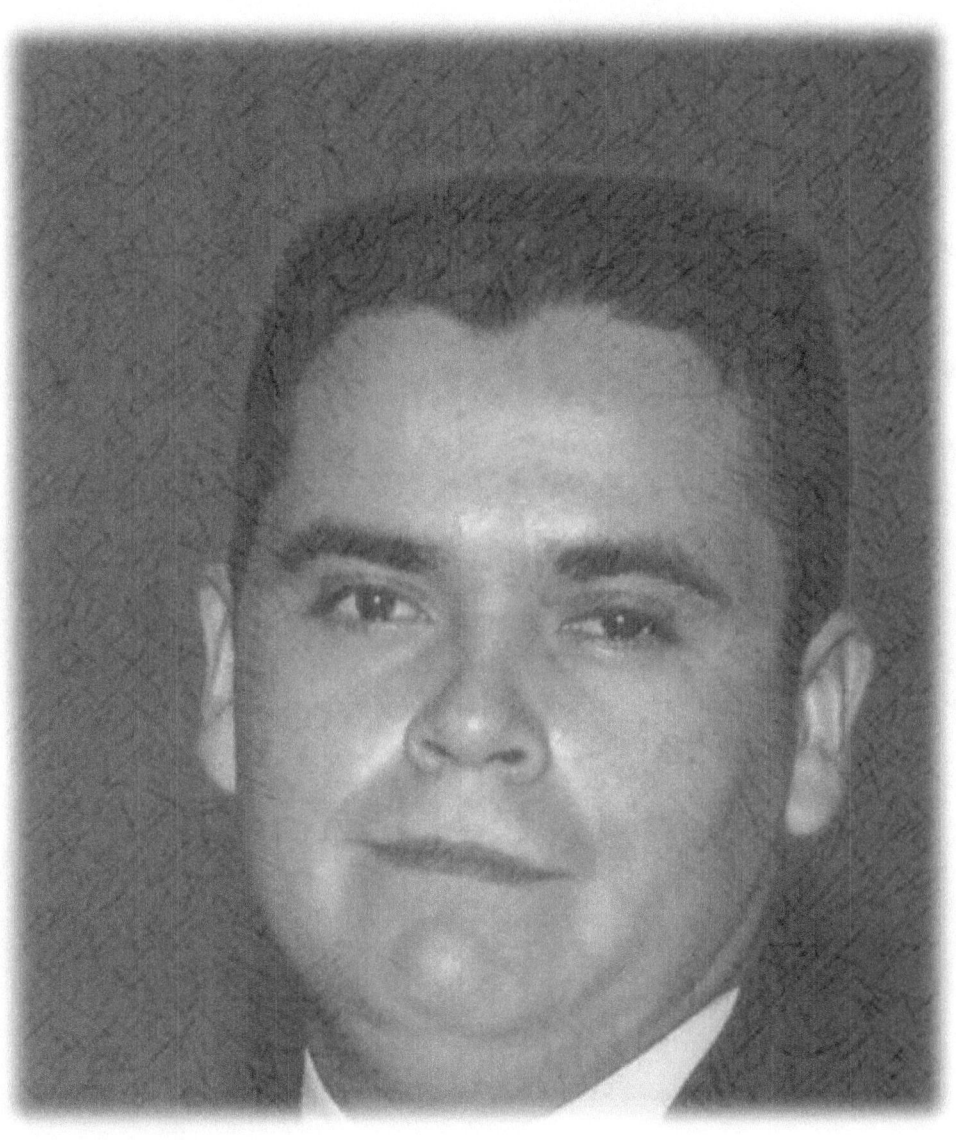

NUNCA VAMOS A OLVIDAR

Los años pasan volando y nadie puede evitarlo,
todos vamos caminando porque esta vida enfrentamos
y las personas queridas nunca vamos a olvidarlas.

Con cariño recordamos sus consejos y enseñanzas,
que le ha mostrado la vida porque es una gran persona,
que con esfuerzo y Amor su familia protegió.

Ella es una gran persona, porque en su vida educó
con dedicación y esmero los hijos que Dios le dio,
gracias a su compañero y la Bendición del Señor.

Ahora ya ha pasado el tiempo, nunca vamos a olvidar
esos pequeños recuerdos en mi mente siempre están
gracias les digo abuelitos de parte de mis papás.

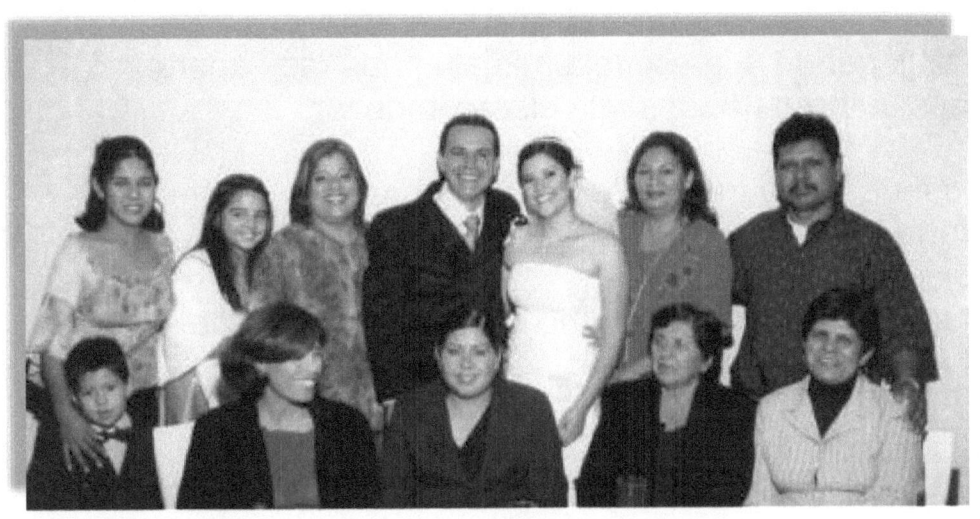

CUMBIA EN LA ESCUELA.

Voy llegando a la escuela mis alumnos me esperan
pues quieren trabajar y la clase empezar.

Cuando estoy frente a ellos comienzan los problemas,
María Elena discute y Manuel se paró.

Cuando abren su cuaderno o en el libro de texto,
el Adrián ya cayó y Ulises se salió.

Mi paciencia se agota se aproxima el recreo,
se armó un alboroto y ya quieren salir.

La hora de recreo se les hace muy corta,
pues quieren continuar y en la clase jugar.

Continuando la clase todos entran inquietos
no quieren trabajar y empiezan a gritar.

Ya que el grupo controlo pasa más de una hora,
la tarea se acerca y ya quieren salir.

Es la historia de siempre, nuestra profesión docente,
nunca se acabará, siempre hay que enseñar.

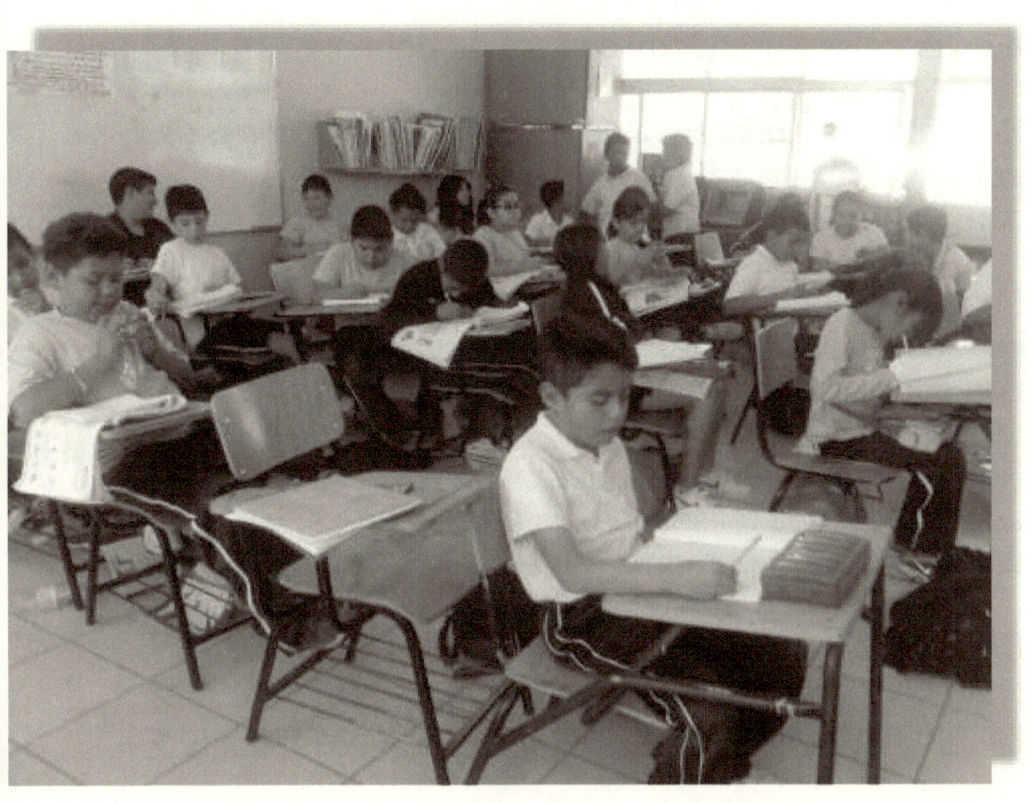

GRACIAS ESCUELA

Quiero cantar mi canción a mi escuela venerada,
aprovecho la ocasión pues quiero darles las gracias,
en sus aulas aprendí mi carrera de docente.

Son muchas generaciones que ha formado como escuela,
por todo México entero, su calidad se demuestra,
con grandes representantes que en la niñez lo reflejan.

Escuela Normal Urbana siempre serás recordada,
con tus grandes enseñanzas hoy quiero darte las Gracias,
nos educaste en la vida para poder enfrentarla.

Recordar las aventuras que pasan en tu internado,
esos noviazgos felices y amistades eternas,
en preescolar o primaria la familia se asemeja.

Como poder olvidar los consejos y regaños,
junto con las comisiones, esa comida de diario,
los prefectos siempre cuidan que hagamos nuestro trabajo.

Escuela Normal Urbana de ti me estoy despidiendo,
con un bonito recuerdo que llevo dentro del pecho,
un saludo a mis amigos y esos queridos maestros.

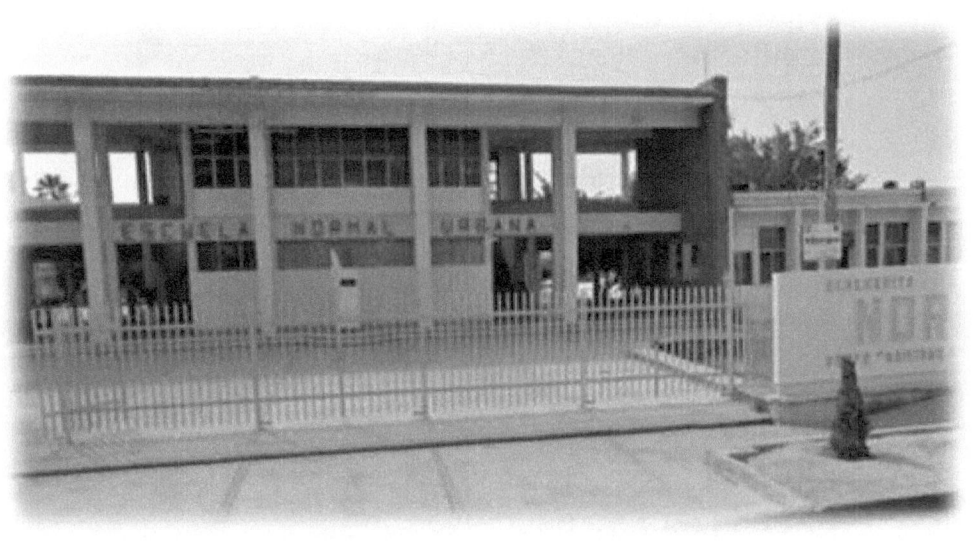

UN DIPLOMADO

Quiero contarles a todos
lo que a mí me sucedió,
durante las vacaciones
un diplomado estudié,
en educación artística
a este curso ingresé
y con grandes compañeros
en la UPN me encontré.

Muchos vienen de Los Cabos ¡profe!
Porque quieren superarse ¡amigos!
Y trabajan de docentes todos
en preescolar o primaria,
para brindar una educación
que sea significativa.

Quisiera yo mencionarles
que algunos son de La Paz,
ejerciendo en varios puestos
existe diversidad
y con un gran entusiasmo
este reto enfrentarán,
pues con muchas estrategias
que en la escuela aplicarán.

Varios trabajan en el norte ¡amigos!
Aunque les queda más lejos ¡profe!
y con grandes sacrificios todos
para poder estar aquí,
con entrega y dedicación
participan en la clase.

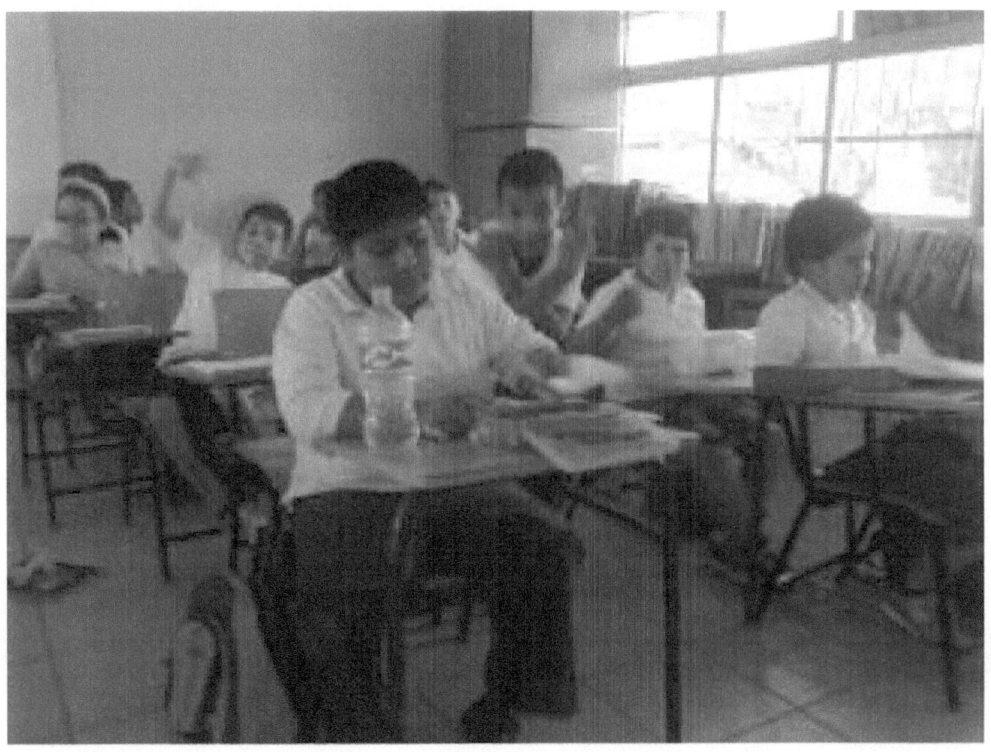

VALLE QUERIDO

Mi valle querido de Santo Domingo que me vio nacer,
pueblo que recuerdo, que me dio su abrigo y me vio crecer.

Colonia tranquila, mi familia unida yo la disfruté,
tus casas hermosas, calles primorosas donde me pasee.

La gente contenta trabaja su tierra y puede producir,
Sus campos sembrados de maíz y garbanzo, trigo y algodón

Recuerdos quedaron, momentos pasados, mi infancia dejé.
Amigos queridos nunca los olvido en mi mente están.

Todos esos pueblos que en mi valle encuentro quiero mencionar;
Son maravillosos lugares preciosos para prosperar.

Por Santo Domingo y los cinco ejidos me fui yo a pasear;
también Zaragoza y hasta Pancho Villa los recorrí

A villa Morelos y Benito Juárez quiero recordar
tiene dos ciudades como es Insurgentes y Constitución

Solo me despido porque mi camino debo continuar,
¡Adiós a mi gente! la traigo presente en mi corazón.

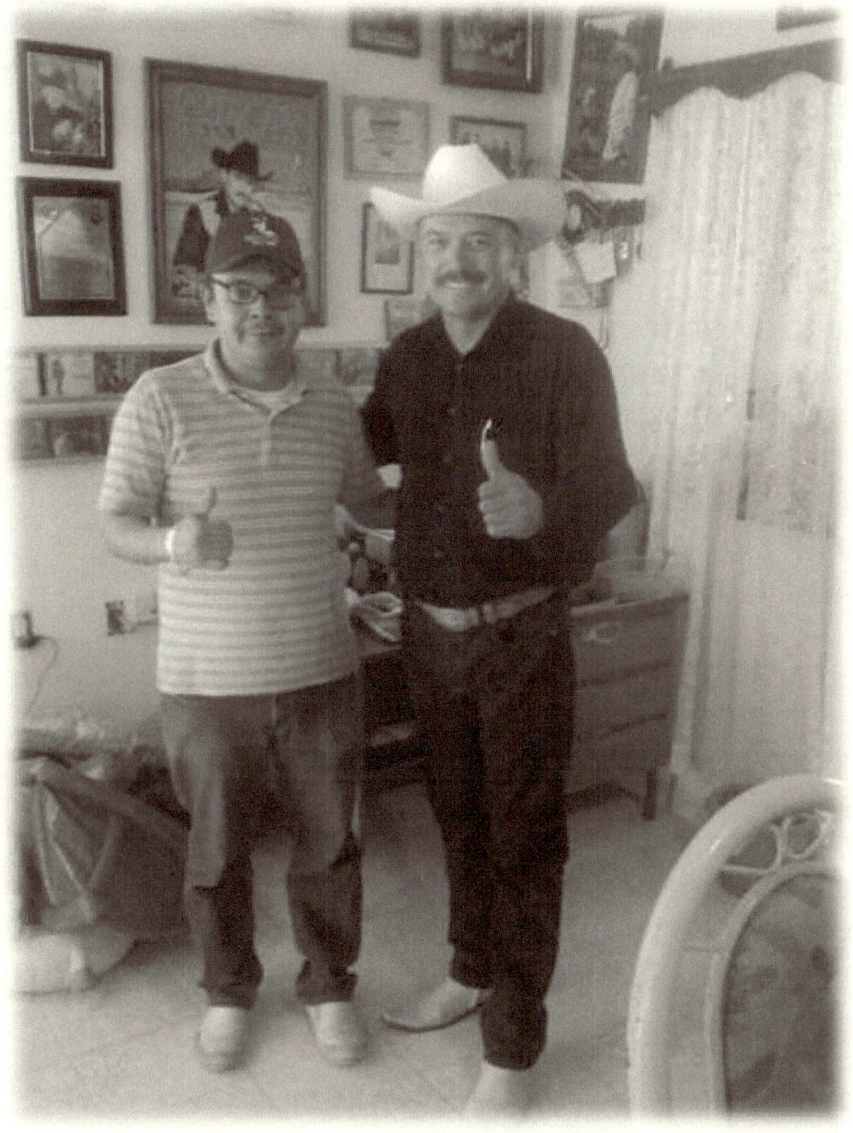

SAN ISIDRO

Quiero cantar mi canción con un conjunto norteño,
que se escuche el acordeón, batería y bajo sexto,
que me acompañe mi gente hoy vamos a andar contentos.

San Isidro es el lugar que les quiero presentar,
al norte de Comondú, Baja California Sur,
un oasis tropical, lugar para disfrutar.

Me gusta estar en mi pueblo, en mi tierra consentida,
un abrazo a mi familia yo por ellos doy la vida,
siempre los recordaré, no importa donde yo esté.

Ya las peleas de gallo en el palenque iniciaron,
toda la gente contenta con su gallo están jugando
y las apuestas en grande el dinero está rolando.

Las carreras de caballos mucha gente anda esperando,
las cuadras de la región llevan su mejor potrillo,
para volar en el taste y ganar lo prometido.

El conjunto está afinando para el baile por la noche,
alegrando la ocasión con canciones y boleros,
como poder olvidar maravillosos recuerdos.

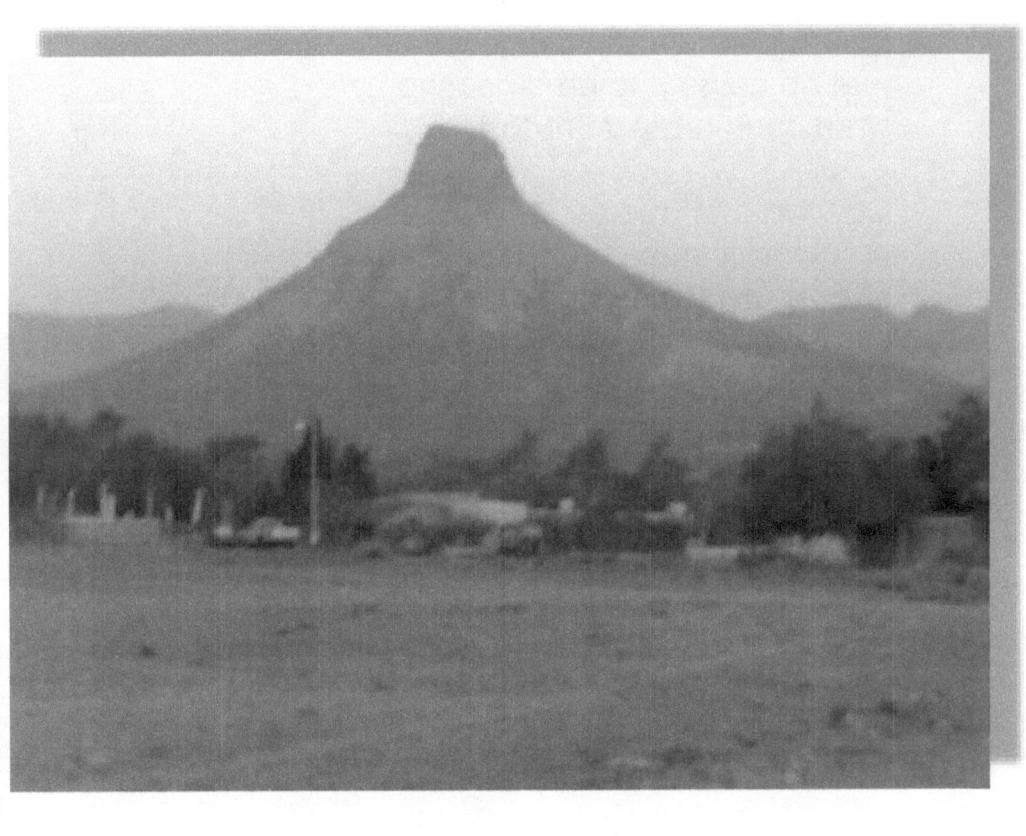

CUANDO ME MUERA

El día que yo me muera,
quiero pedirles amigos,
que no haiga luto en su pecho
 y se canten mis corridos.

Cuando a mí me estén velando
no quiero llanto de nadie
que se organice una fiesta
con la música tocando.

Este mundo es muy bonito
aquí anduve soñando,
disfrutando mi familia,
la vida se me ha acabado.

A todos mis parientes
les dejaré mis recuerdos,
un saludo a mis amigos
y perdonen mis errores.

En la escuela del pueblo,
pido se vele mi cuerpo,
dejen volar pajarillos
para que se lleven mi alma.

Cuando me estén sepultando
que no pare el acordeón,
con un conjunto norteño
se despide un trovador.

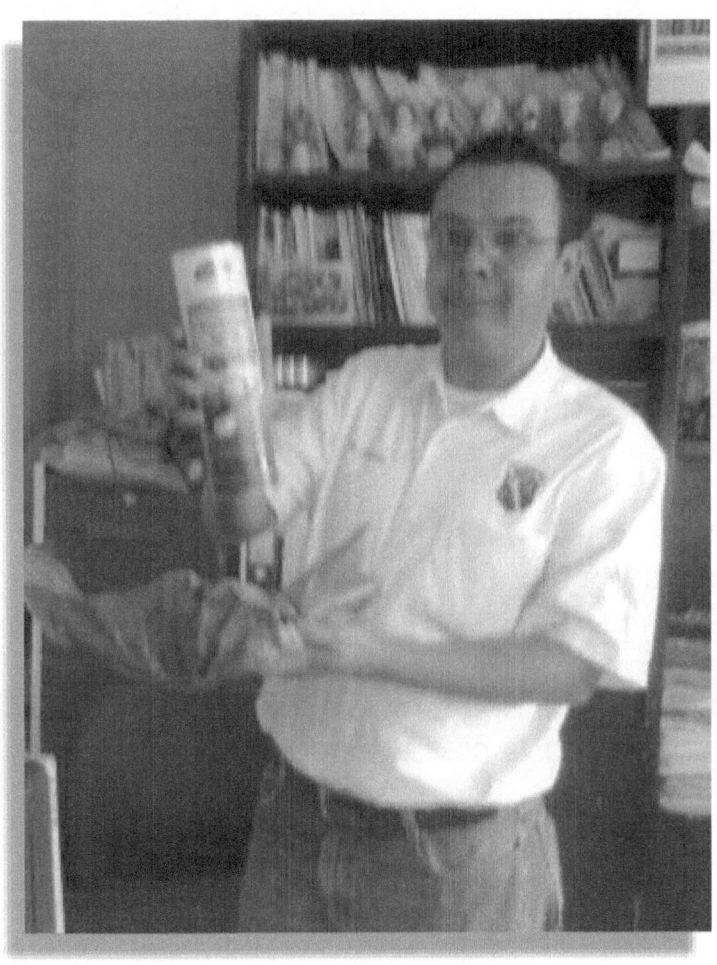

DON ERNESTO CASTILLO

Que se escuche la tambora para empezar a cantar,
en Mazatlán Sinaloa siempre lo recordarán,
es Don Ernesto Castillo a quien quiero presentar.

Desde su infancia luchó para poder subsistir,
en el Puerto de La Paz inicio su gran trayecto
y su vida en el mar la de con mucho esmero.

Recorrió muchos lugares navegando por la vida,
por su familia querida siempre supo trabajar,
enfrentando como fiera los peligros de alta mar.

El tiempo le ha permitido formar una gran familia,
con su esposa Carmelita que siempre lo acompañado,
cuidaron todos sus hijos que Dios les ha regalado.

Nunca podrán olvidar las historias que contaba,
pues le gusta platicar su familia lo escuchaba,
yo también lo quiero mucho a veces le contestaban.

Adiós amigos queridos ya me voy a despedir,
me está esperando la playa donde siempre me pasie
mi Mazatlán Sinaloa, tierra que recordaré.

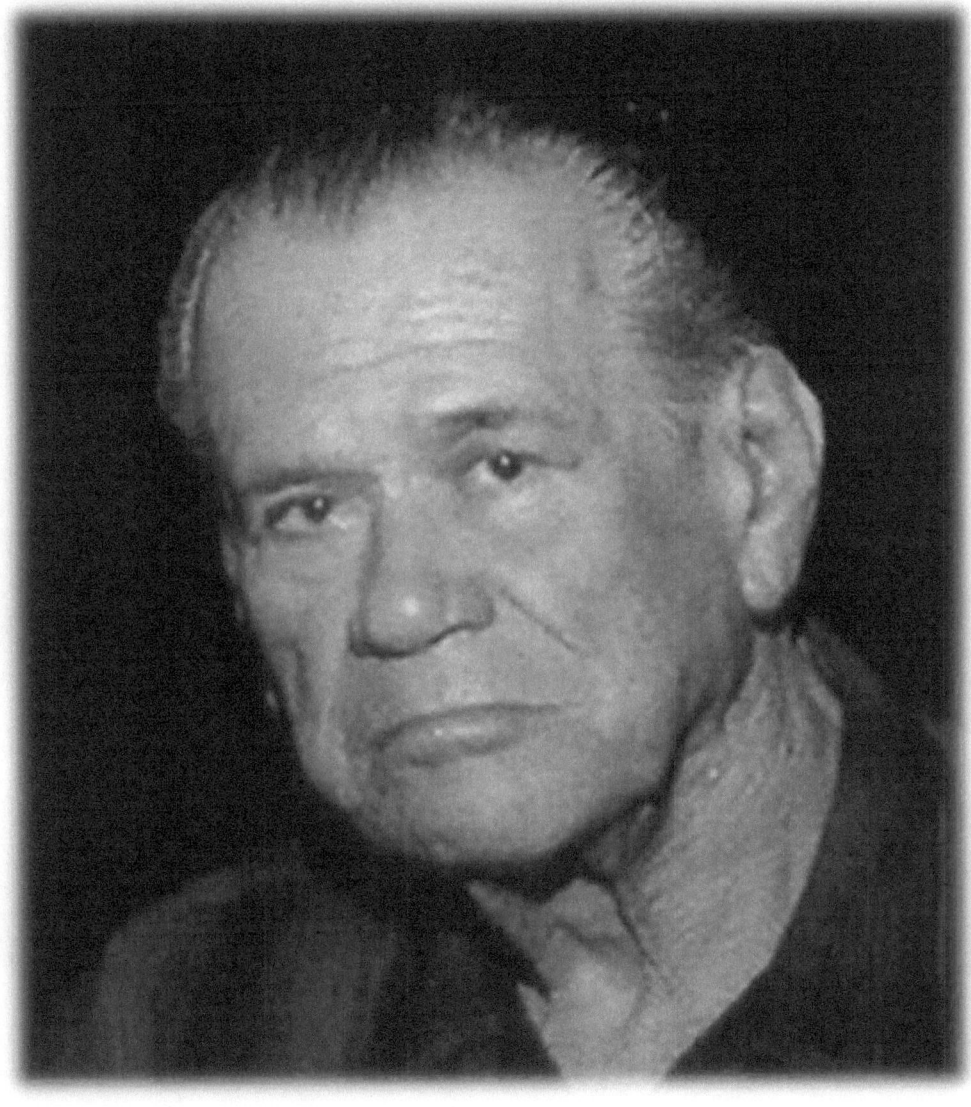

VALIENTES JOVENCITOS.

Voy a contarles un caso que en la historia va a quedar,
el día veinte de noviembre en el año dos mil tres,
en Las Pocitas amigos nadie lo puede creer.

Eran varios jovencitos que enfrentaban al destino,
con valor y decisión a otras escuelas retaron,
y en un torneo de fútbol ellos campeones quedaron.

Sus nombres no se me olvidan siempre los recordaré,
Ruma, Fernando, Martín, Paco, Carlos y Perfecto
se llevaron el trofeo con disciplina y talento.

Como poder olvidar esos terribles momentos,
desafiando otras escuelas, ellos mostraron su esfuerzo,
formaron un gran equipo con su amistad y respeto.

Toda la gente gritaba y el juego se realizaba,
con un empate sin goles el partido terminaba,
llegando a tirar penales y estos jóvenes ganaban.

Santa María de Toris, Escuela Miguel Hidalgo,
tu triunfo estas festejando los alumnos ya cumplieron,
dedican un gran saludo a todos sus compañeros.

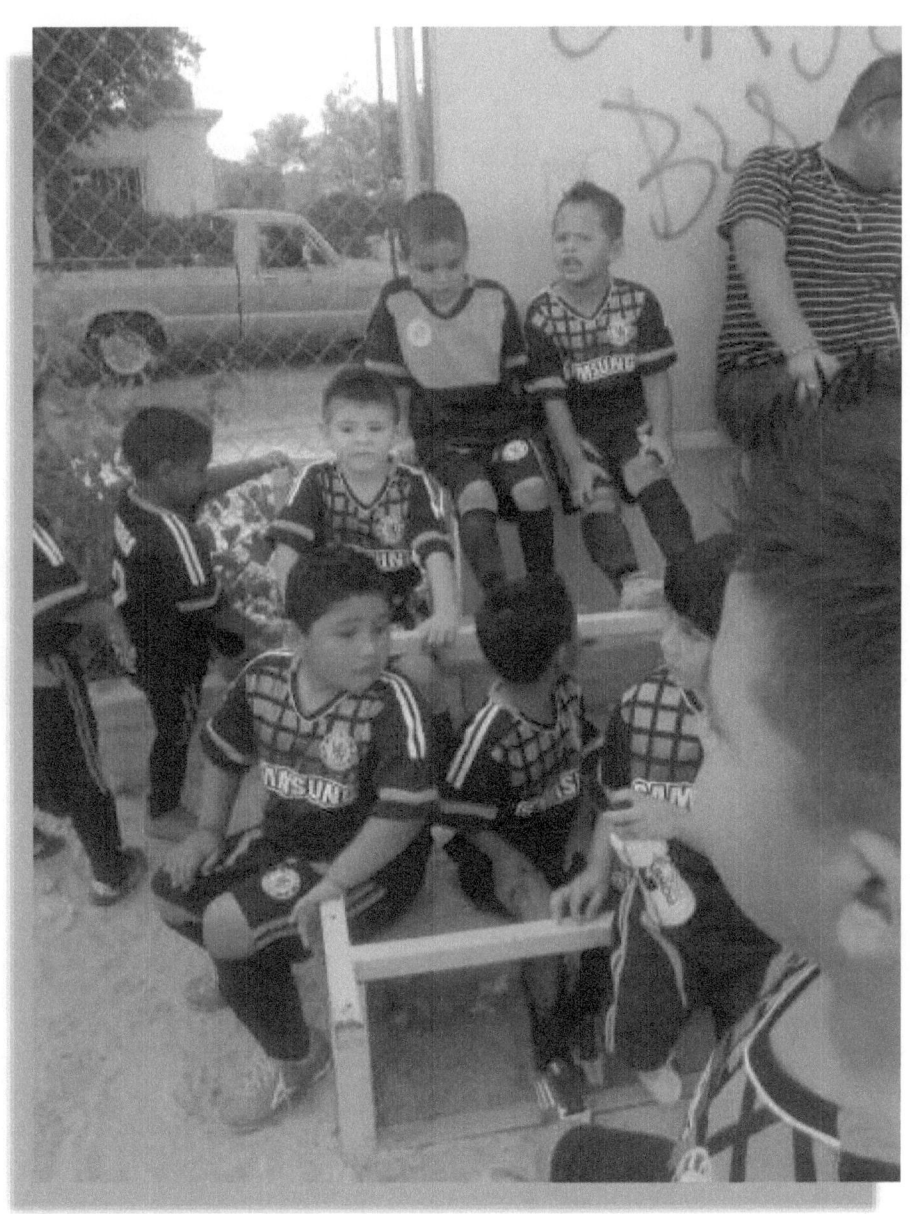

ADIÓS AMIGOS

Quiero contarles a todos una historia verdadera,
esta terrible tragedia sucedió en la carretera,
un veintiocho de noviembre se recuerda aquella fecha

Nadie se lo imaginaba cuando venían en camino
muchos los vieron salir con rumbo a Constitución
solo el recuerdo dejaron, porque Dios se los llevó.

Eran cuatro compañeros que estudiaban pá maestros,
en el puerto de la Paz, junto a muchos camaradas
vivían en un internado que apoyaba su sustento.

Después María del rosario se fue al cielo a acompañarlos,
Fernando, Emigdio y Mario su recuerdo nos dejaron
la normal está de luto nadie puede remediarlo.

Ese arroyo en Santa Rita a cobrado muchas vidas,
ahora convertido en puente sigue buscando inocentes,
no se descuiden amigos porque esta vida se acaba.

Adiós Amigos queridos su recuerdo esta en mi mente
ese es camino de todos hay que tenerlo presente
aunque ustedes ya se fueron siempre los recordaremos.

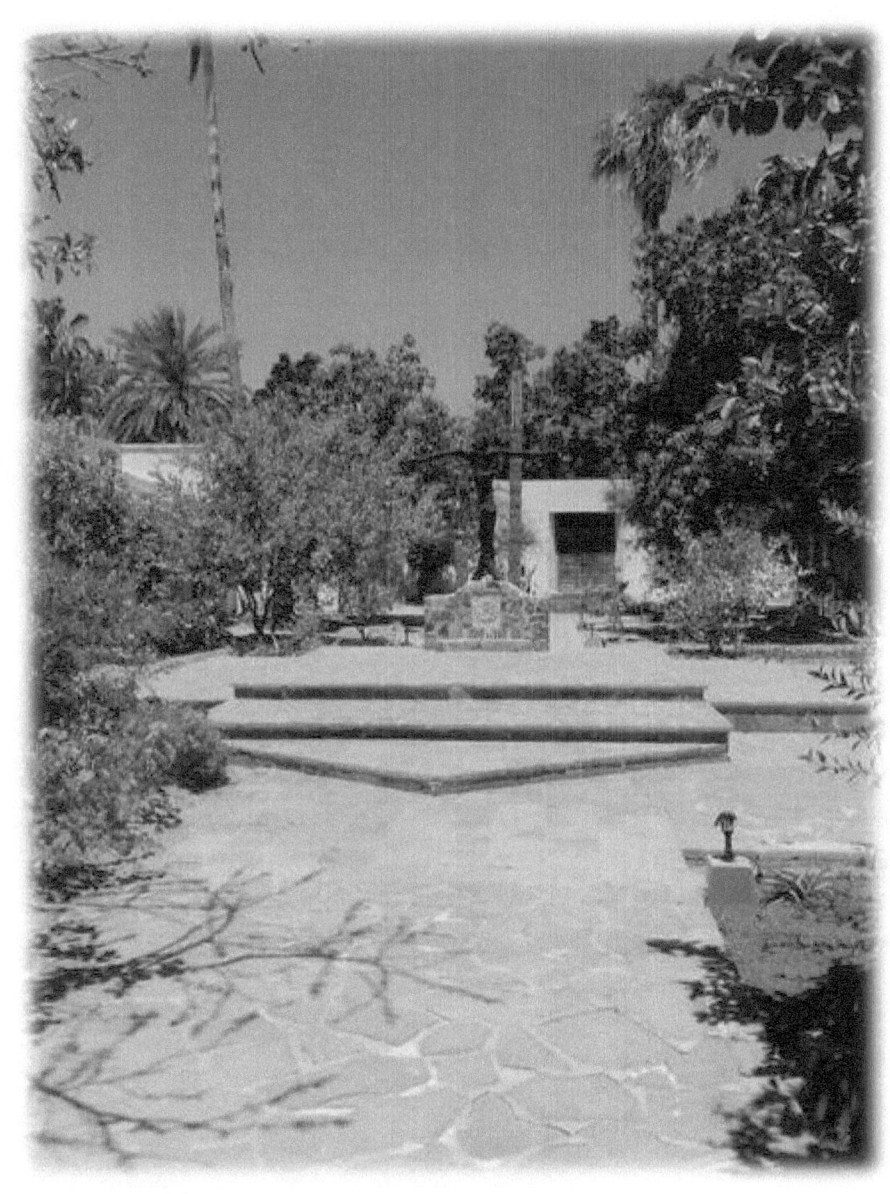

FIDENCIO MARTÍNEZ

El día seis de noviembre del año noventa y dos,
sucedió una tragedia que nos causó un gran dolor,
murió Fidencio Martínez, que tristeza tengo yo.

Cuando nadie lo esperaba paso fatal accidente,
con rumbo a López Mateos, en el kilómetro doce,
en un descuido muy grave Fidencio perdió la vida.

Tenía doce años apenas cuando Dios se lo llevó,
yo me pregunto si un día sus padres tendrán consuelo,
porque Fidencio era bueno, no merecía haber muerto.

Sus amigos de la infancia con cariño recordamos
"el chino" era un gran amigo, muy alegre y pachanguero
que Dios lo tenga en su gloria son mis mejores deseos.

Sus padres con gran tristeza no han encontrado consuelo
lo recuerdan muy seguido y no podrán olvidarlo,
porque Fidencio se fue a otro mundo a esperarlos.

El día de su sepelio mucha gente fue al panteón,
porque querían despedirlo y darle el último adiós,
que Dios lo tenga a su lado, ya que él se lo mereció.

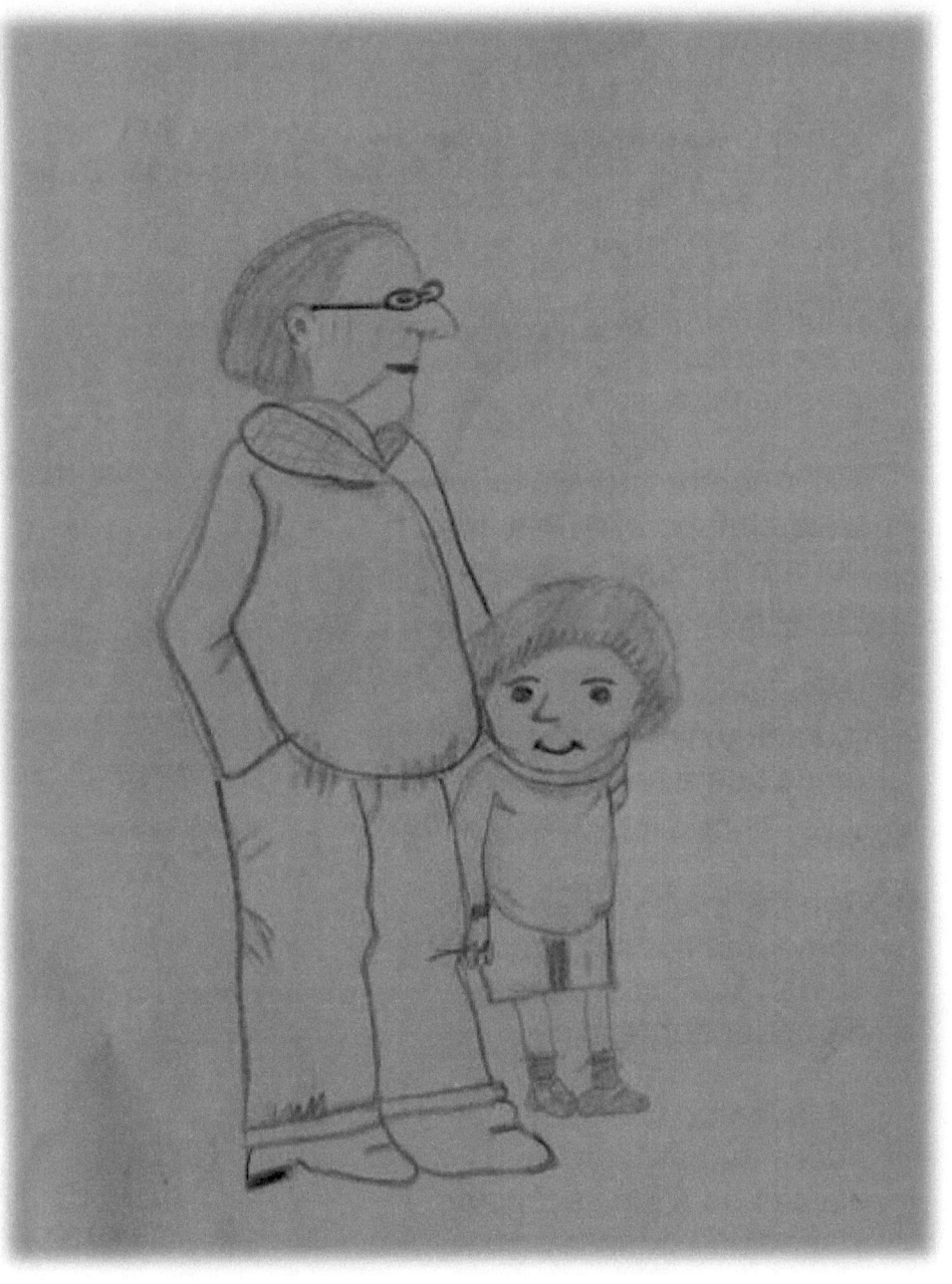

SANTA MARÍA DE TORIS

Santa María de Toris
quiero cantarte un corrido,
y me atrevo a componerlo
porque en tu tierra he vivido.

A tus hombres decididos
yo les brindo mis respetos,
porque trabajan tu suelo
con decisión y talento.

Caminando en tu terreno,
me siento libre y contento
un saludo a los amigos
que dejo aquí en este pueblo.

Son tus mujeres hermosas
como una flor de jardín,
cuidan sus hijos y casa
pá poder sobresalir.

La juventud y niñez
busca su preparación,
asistiendo a las escuelas
y seguir su educación.

Ya me voy a despedir
de esta bonita región,
pueblo sudcaliforniano
que merece mi atención.

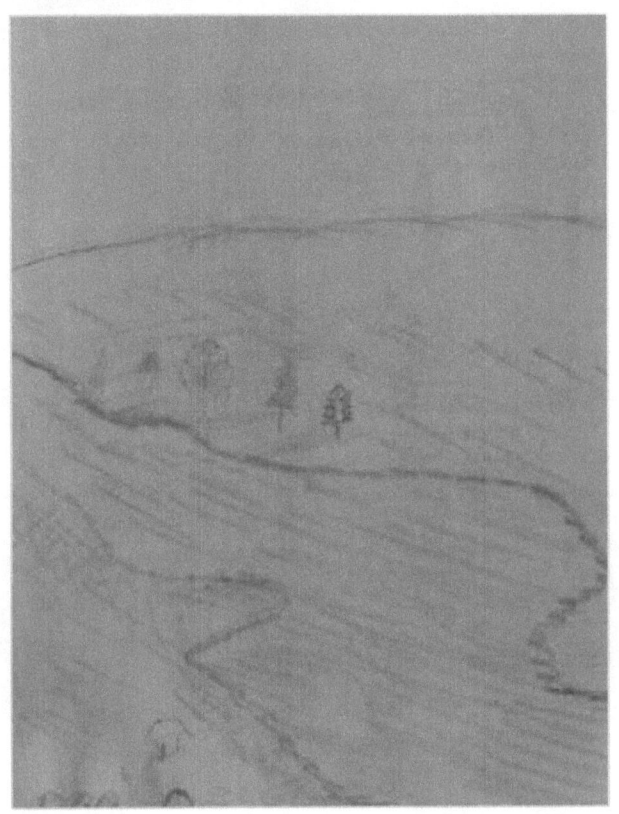

DON BENITO LÓPEZ

Que se escuchen las guitarras para empezar a cantar,
este corrido a un amigo que les quiero presentar,
su nombre es Benito López, un hombre a carta cabal.

Él ha vivido en la Paz con su familia querida,
Don Beni dice sonriendo yo por ellos doy la vida,
con sus hijos y esposa, siempre se divertían.

Cuando anda con sus amigos le gusta pasear en carro,
con la música sonando, el columpio está escuchando
y con cerveza en la mano, pide "me entierren cantando".

Es un hombre muy sencillo trabajó en el municipio,
siempre ayudando al que puede, lo tiene como principio,
como todo las personas, paso a paso ha subido.

Doña Luci lo acompaña, ante cualquier situación
sus nietos son un tesoro, le alegran el corazón,
sus cuatro hijos le dan gracias, por su gran dedicación

Solo quiero despedirme paseando en el malecón,
lo dice en cualquier terreno, Dios me dio su bendición
un saludo a mis amigos, amerita la ocasión.

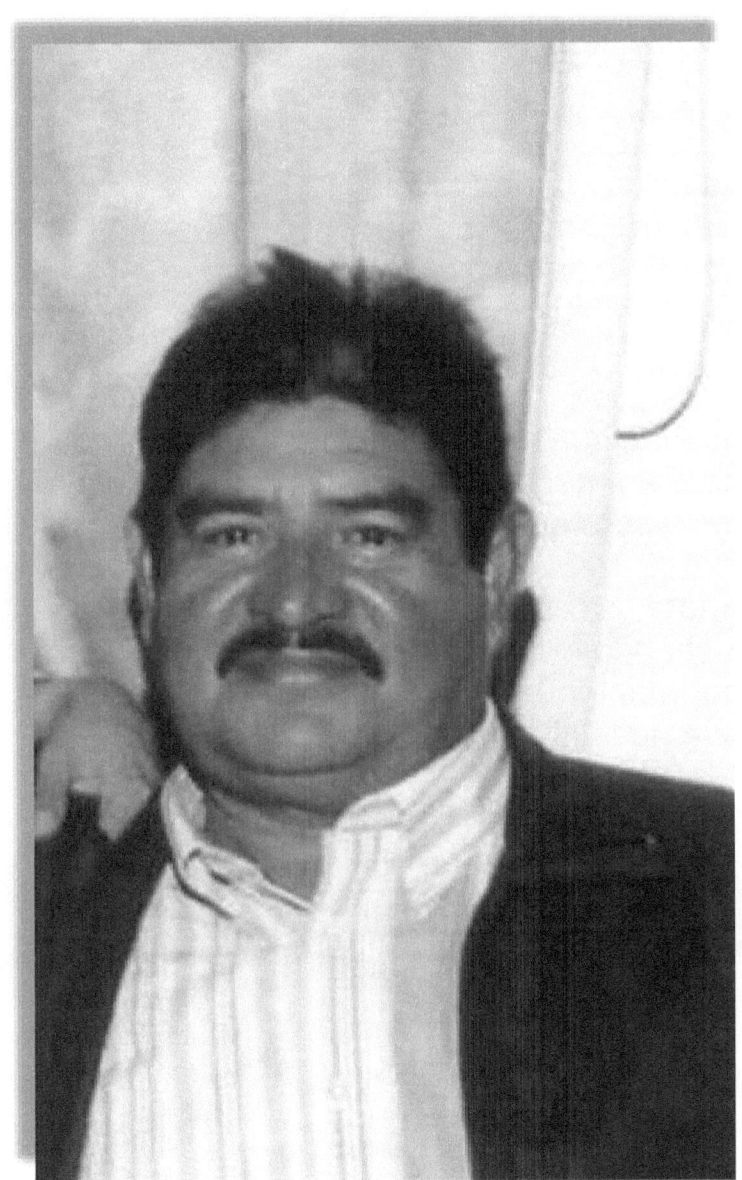

LA RUTINA.

La distancia nos revela,
nuestro amor a las personas,
porque cuando las tenemos,
siempre las desvaloramos.

Al principio son mis padres,
quienes me guiaron la vida,
pero no me daba cuenta,
del tesoro que tenía.

Ahora vivo con mi esposa
luchando día con día,
por mantener el cariño
que nos unió en el altar.

Cuando estoy en carretera,
viajo en el mar o en el aire,
la nostalgia me atormenta
por la gente que me espera.

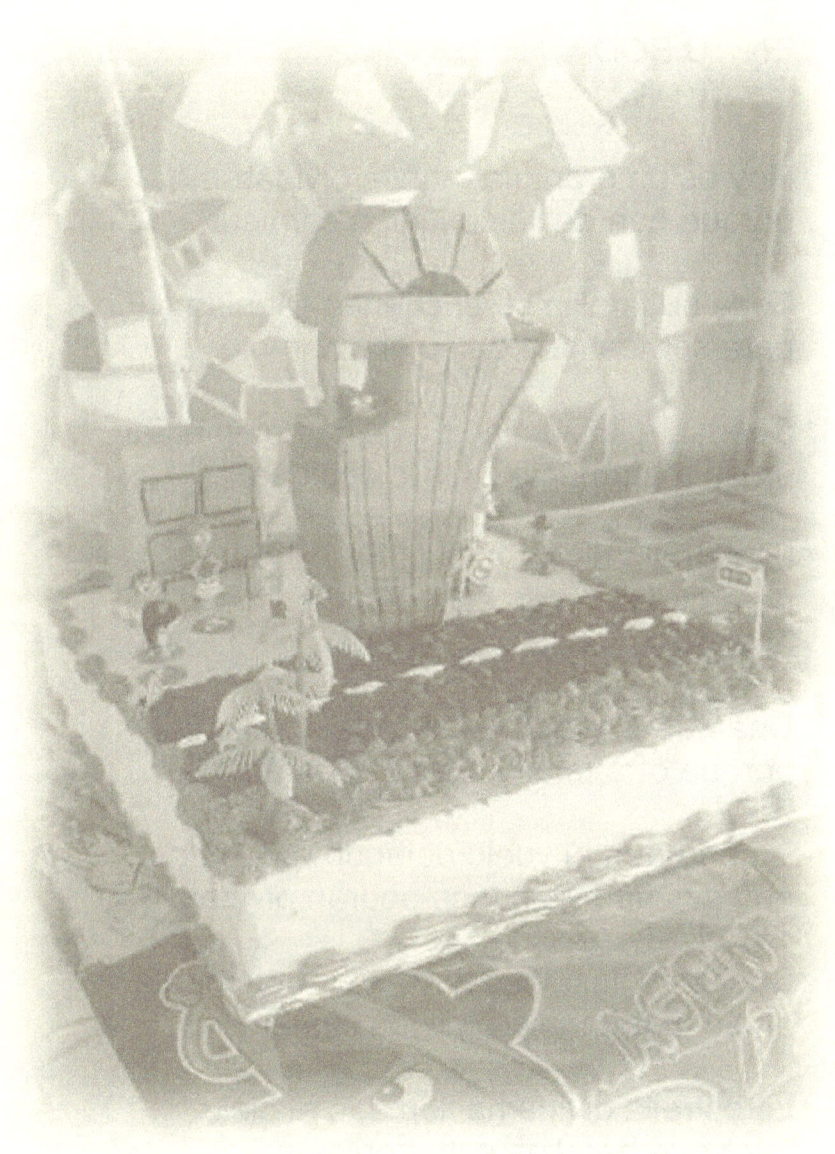

EN TU BODA

Hoy es un gran día, nunca olvidaremos
porque han decidido juntos caminar.

Toda su familia se encuentra reunida
para ser testigos de su gran Amor.

Sueños e ilusiones hoy se complementan
en su matrimonio Dios los cuidará.

La estrella divina ha llamado al cielo,
para que bendiga esta noble unión.

Una nueva etapa de su vida empiezan,
porque otra familia ustedes harán.

Emprenden el vuelo dejando recuerdos
que sus padres nunca podrán olvidar.

Sueños e ilusiones hoy se complementan
en su matrimonio Dios los cuidará.

La estrella divina ha llamado al cielo,
para que bendiga esta noble unión.

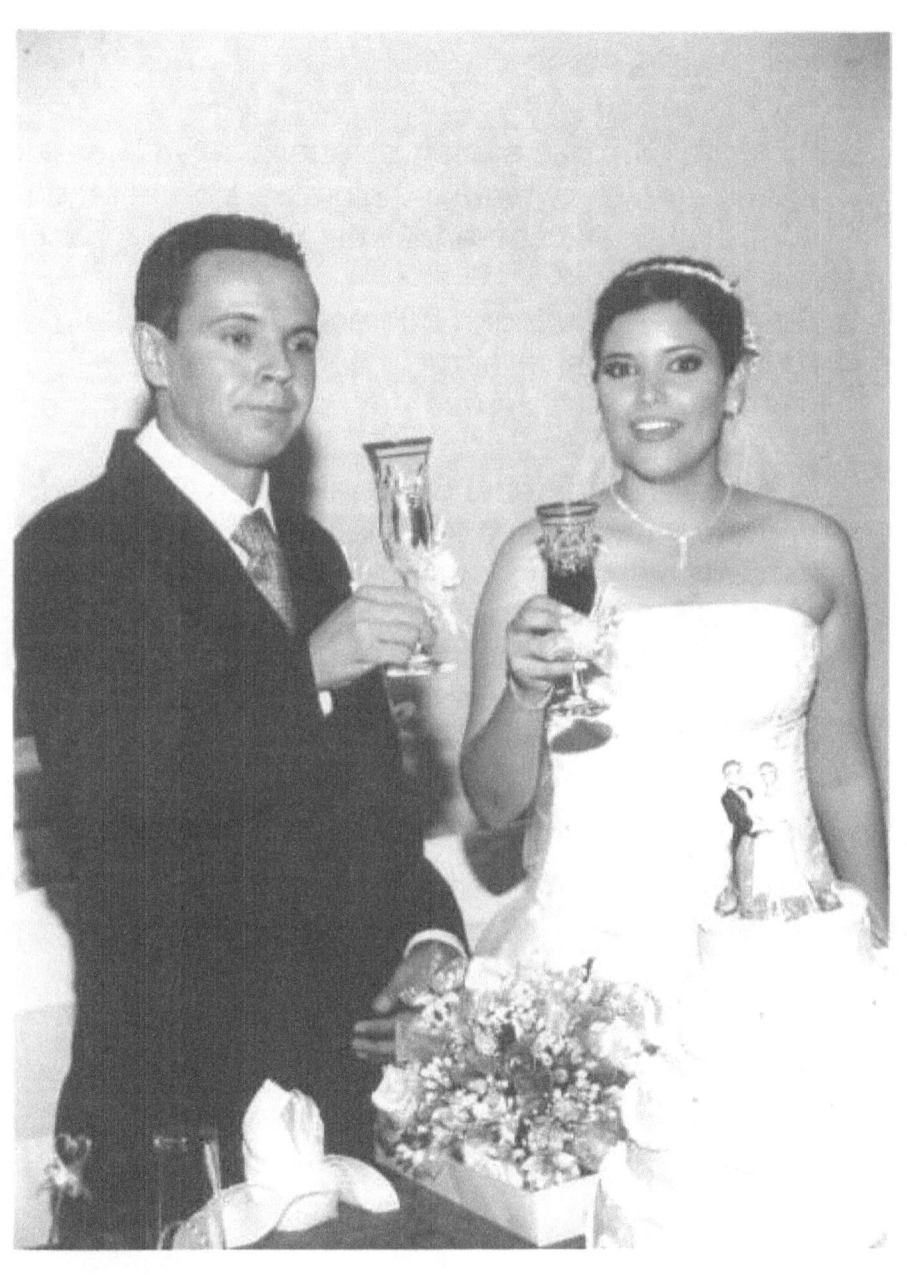

UN DIA DE PESCA

La tarde empieza a caer, el muelle se va llenando
toda la gente contenta, su piola está preparando
tienen muchas esperanzas de sacar varios pescados.

Buscan el mejor lugar, que este frente a la corriente
para poder atrapar pargo, cabrilla o botete
usan muy buena carnada para poder engañarla.

La tabla ya está rodando, una caña está picando,
un bote ya está sonando y la piola están jalando,
todos se ven muy sonrientes, una presa ya pescaron.

Fueron muchas aventuras, en los fines de semana,
durante las vacaciones la playa nos recibía
con almeja chocolate, la gente se entretenía.

Las estrellas y la luna escuchaban nuestros cuentos,
mi padre con sus historias, nos alegraba el momento,
mi madrecita en la noche prepara los alimentos.

Me despido pescadores de esta bonita región
adiós Puerto Escondido, Baja California Sur,
de tu gente me despido, del faro me guio su luz

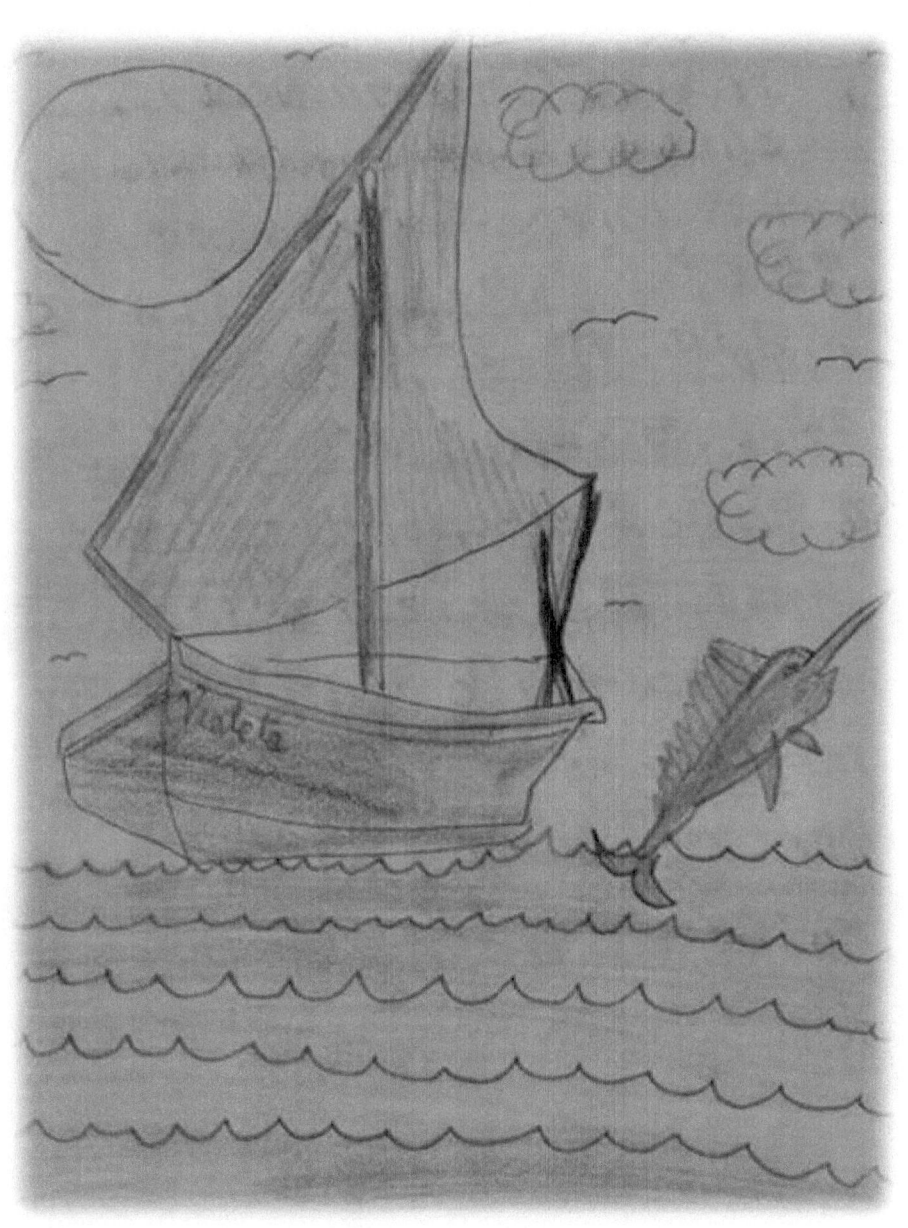

DON ELIGIO ARCE

Hombre de pocas palabras, trabajador y sincero,
dedicado a su familia, siempre entregaste tu esfuerzo,
hoy cosechas en la vida lo que sembraste hace tiempo.

Tu nombre es Eligio Arce, oriundo de San Isidro,
llegaste a ser delegado, por elección de la gente,
las obras que construiste todavía siguen presentes.

En la sierra y en la huerta, siempre te vimos luchar,
trabajando día y noche, para poder subsistir,
tu gran ejemplo lo llevo en cada paso al subir.

A tu lado siempre ha estado, una mujer muy valiente,
señora Manuela Cuevas, mis respetos para ustedes,
han caminado en la vida demostrando que se puede

Tus hijos te han demostrado, su disciplina y talento,
fueron muy buenos maestros que a la niñez educaron,
sus principios y valores en las aulas aportaron.

Las fiestas tradicionales, en mayo te esperaran,
para compartir alegre, lleno de felicidad,
un abrazo a los amigos y un saludo muy cordial

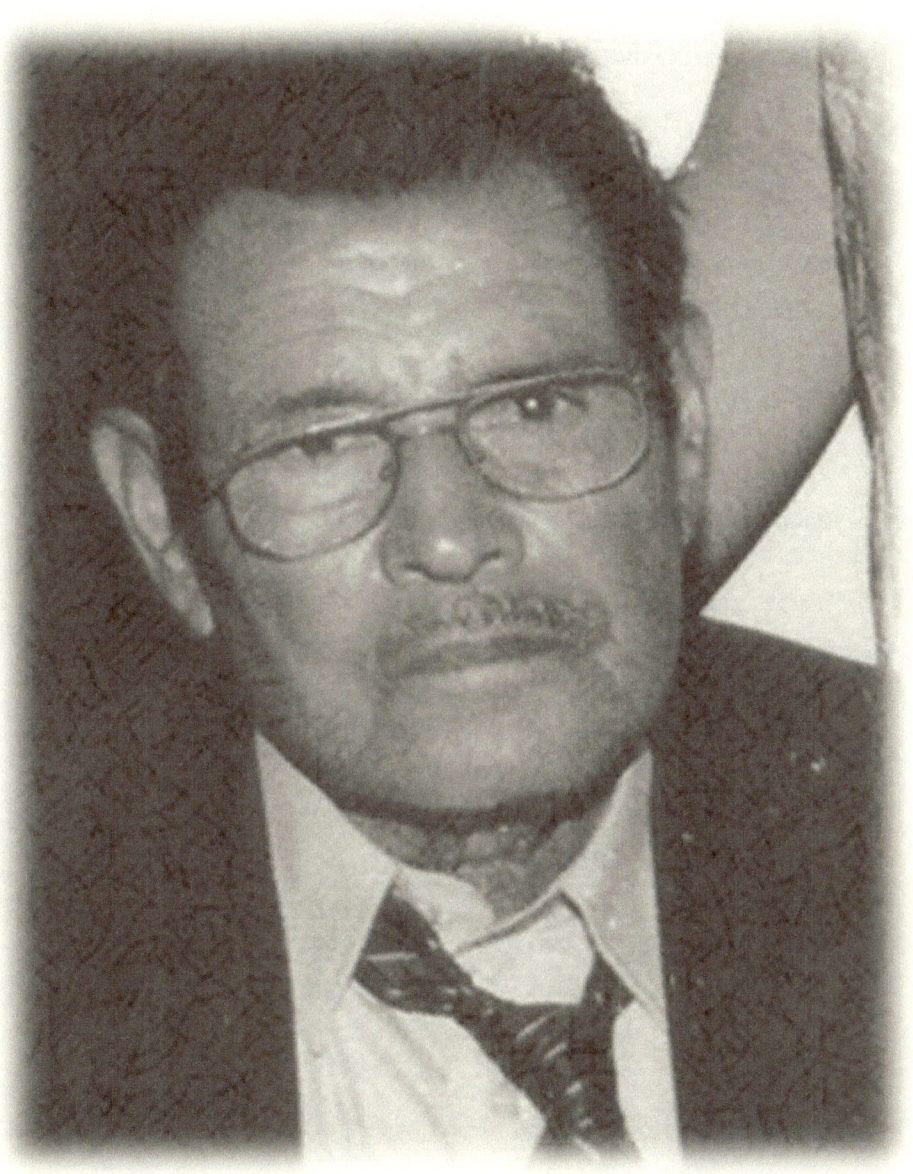

PERDONAME POR FAVOR.

Quiero preguntarle a Dios
¿Qué fue lo que sucedió?
poco a poco me ayudó
a ganarme tu cariño.

Siempre he sido un perdedor,
poca cosa y soñador
Tú en cambio luchas
por la perfección.

Hoy solo pido perdón,
malamente te engañé;
ruego en esta oración
encuentres alguien mucho mejor.

Tal vez te amo a mi manera,
con temor a que te pierda
con descuidos y tonteras
que lastiman a tu pobre corazón.

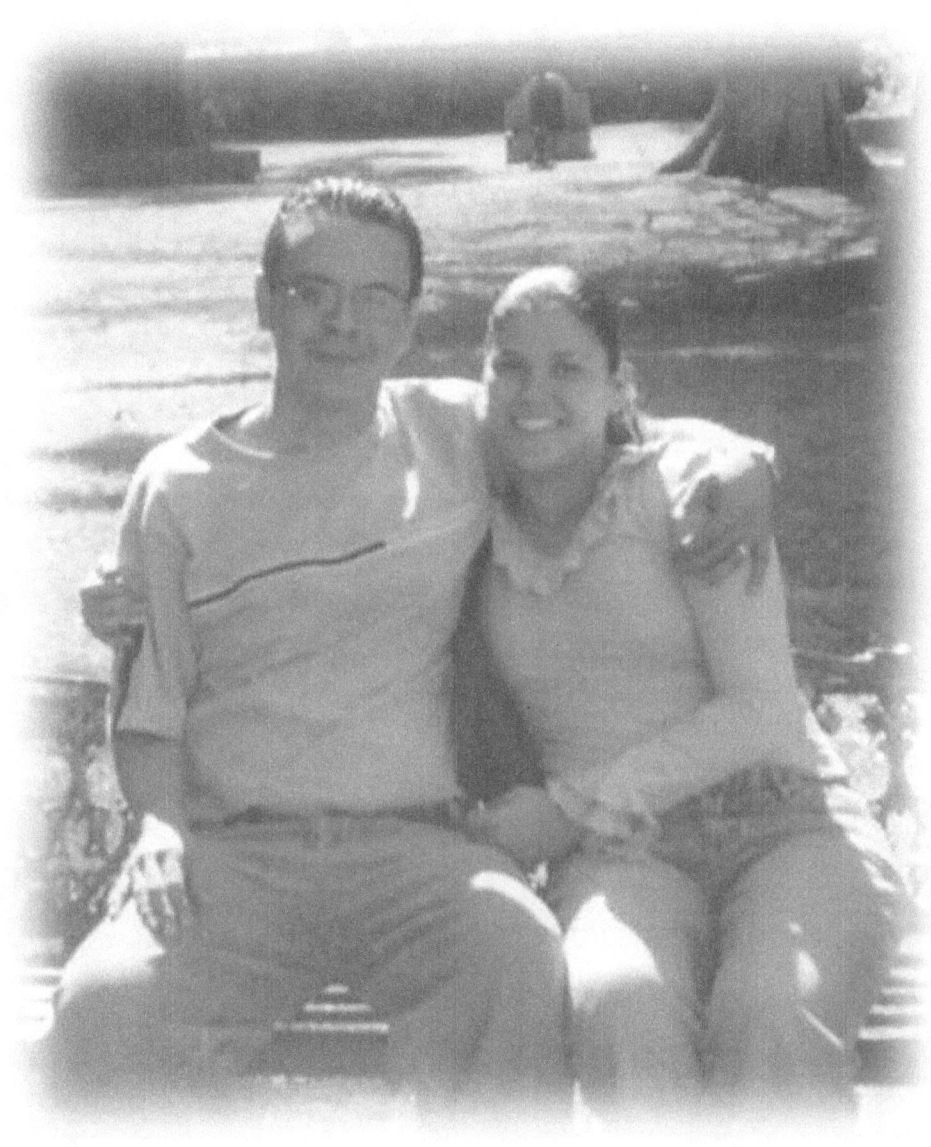

NO ME DEJES…

No te he sabido valorar,
poco a poco te he lastimado
todo el amor que nos unió
la costumbre lo está acabando.

Por eso te pido perdón,
hoy y siempre te necesito
mi deseo de ambición
los detalles a olvidado.

Amor quiero estar a tu lado
seguir durmiendo en tus brazos
pasar las horas charlando
y que me digas te amo.

Pasear por el malecón
tal vez irnos de excursión
llevar los niños a un parque
buscar nuestra diversión.

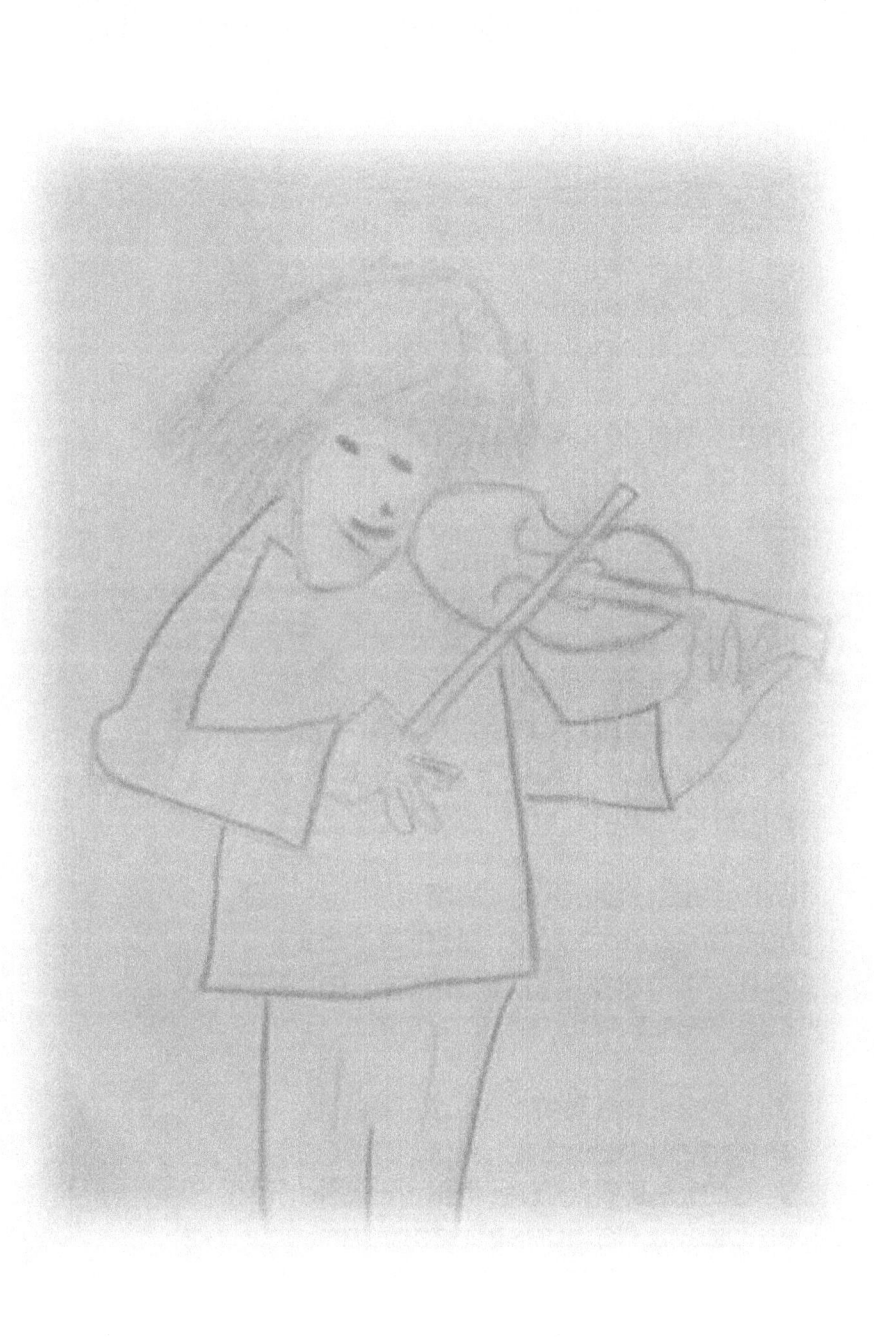

HIJO QUERIDO

El llanto su carita transforma
en angustia y desesperación
porque no entiende las circunstancias
cuando tengo que decirle adiós.

Lentamente conduzco en el carro
la nostalgia me hace recordar
sus manitas golpeando mis labios
regalándome su bendición.

Hoy pregunto a mi Dios
que me escucha
porque yo no puedo comprender
el trabajo me está esperando
y mi hijo triste se quedó.

En el piso tirados jugando
con sus carros también al futbol
son momentos que tengo grabados
aquí dentro de mi corazón.

Sin palabras camino despacio
el tiempo nuestro juego trunco
su sonrisa y recuerdos me alientan
en busca de nuestro porvenir.

Hoy pregunto a mi Dios
que me escucha
porque yo no puedo comprender
el trabajo me está esperando
y mi hijo triste se quedó.

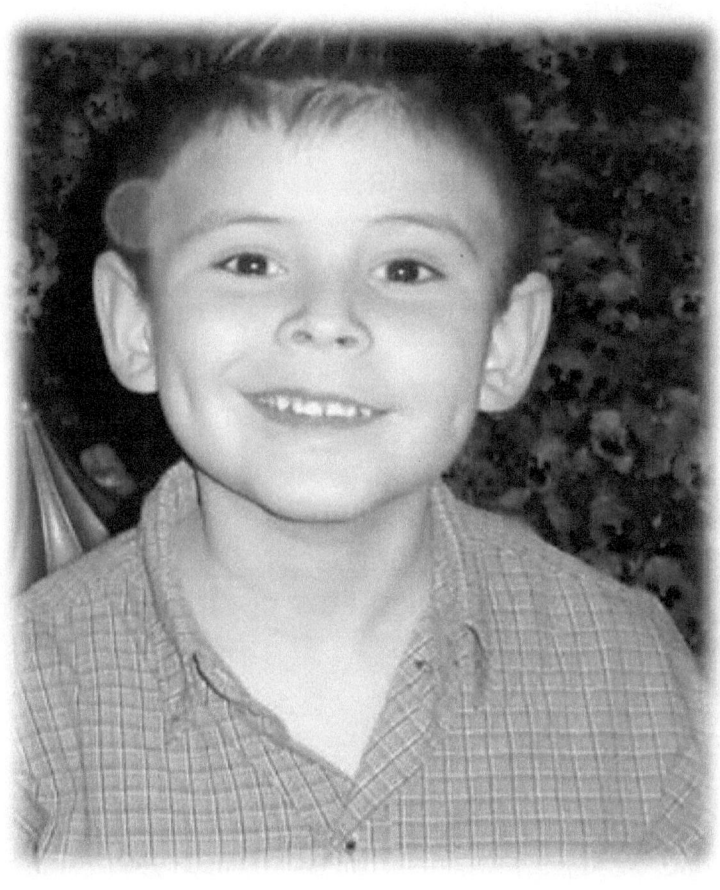

LA CENA

Empieza a caer la tarde
el cielo se oscureció
voy a mi casa en el coche
la jornada terminó.

En las calles se distinguen
los carritos de hot dogs
el olor de carne asada
adobada y al pastor.

Las ollas con tamalitos
de diferente sabor
antojitos mexicanos
con su exquisito sazón.

Sopes, tostadas, enchiladas,
pozolada, menudo, barbacoa
tacos de cabeza calientitos por igual.

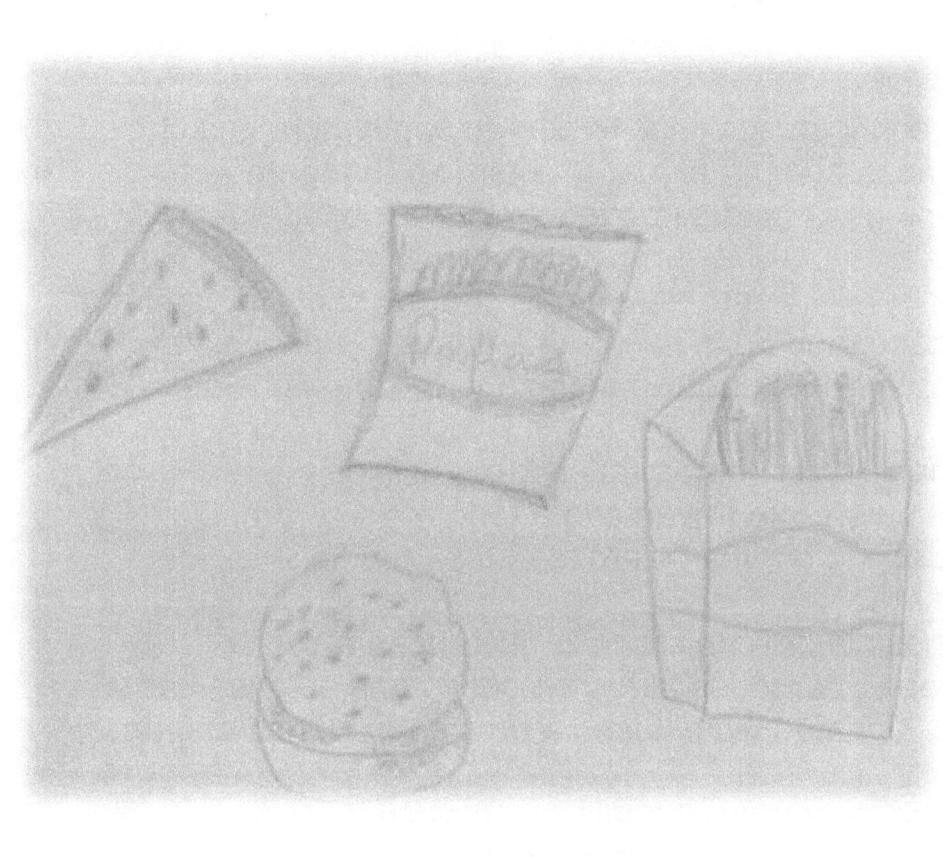

HURACÁN JIMENA

En el año dos mil nueve dos de septiembre la fecha
se acercaba por el mar una terrible tormenta
cerca de la media noche empezó aquella tragedia

Soplaba el viento muy fuerte cuando nadie lo esperaba
la oscuridad de la noche una desgracia anunciaba
mucha gente padeció tristeza y miedo en el alma.

Jimena se le nombro al poderoso ciclón
con su errante trayectoria a todos nos sorprendió
causando graves destrozos en partes de la región.

Imposible describir todo lo que sucedía
volaban por todos lados las cosas que en casa había
con lágrimas y oraciones a un dios piedad le pedían

Es difícil recordar aquel trágico momento
la esperanza se esfumo por la violencia del viento
en forma de remolino dejo mi gente sufriendo

Pueblitos de Comondú y todas sus rancherías
hoy necesitan apoyo de muchas nobles familias
un huracán destruyó lo poco que ellos tenían.

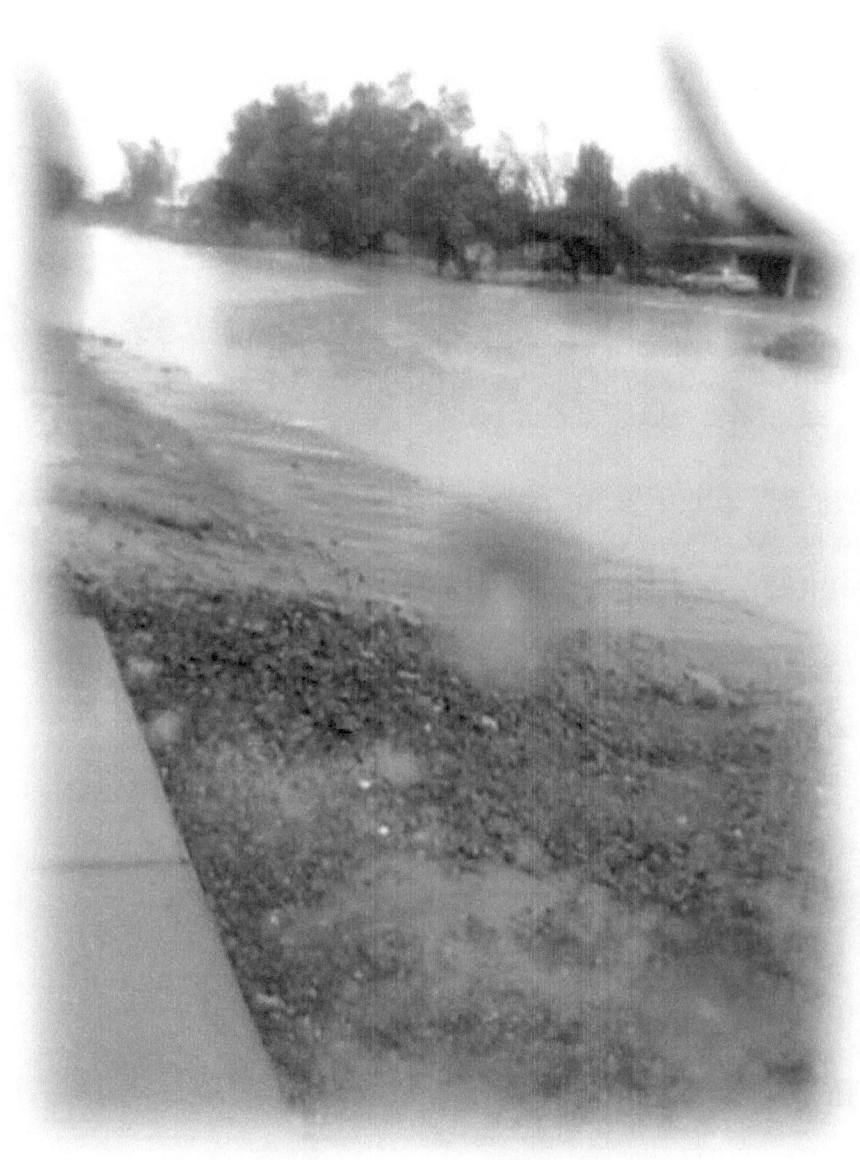

UN NIÑO EN EL INTERNADO

Una mañana llegó a vivir al internado
en la normal se instaló para seguir estudiando
no sabía lo que el destino le tenía preparado.

Traía muchas ilusiones, porque era lo que soñaba
con sus trabajos cumplió aunque ella se desvelara
por las noches se veía con sus libros ocupada

Telegramas le llegaban constantemente a su cuarto, pues sus
padres le avisaban que su hijo mucho lloraba,
solo tenía cuatro años con sus abuelos estaba.

Poco tiempo soporto, al niño se lo llevó
a estar en el internado escondido lo metió
para que la acompañara solo ese fin de semana.

Había estado todo el día jugando con su mamá
por la noche lo acostó y se puso a trabajar
pero el niño despertó a su madre fue a buscar.

La noche se lo llevó, la joven enloqueció
desde ese día solo escuchan sus pasitos en los cuartos
anda buscando su madre que lo duerma en su regazo.

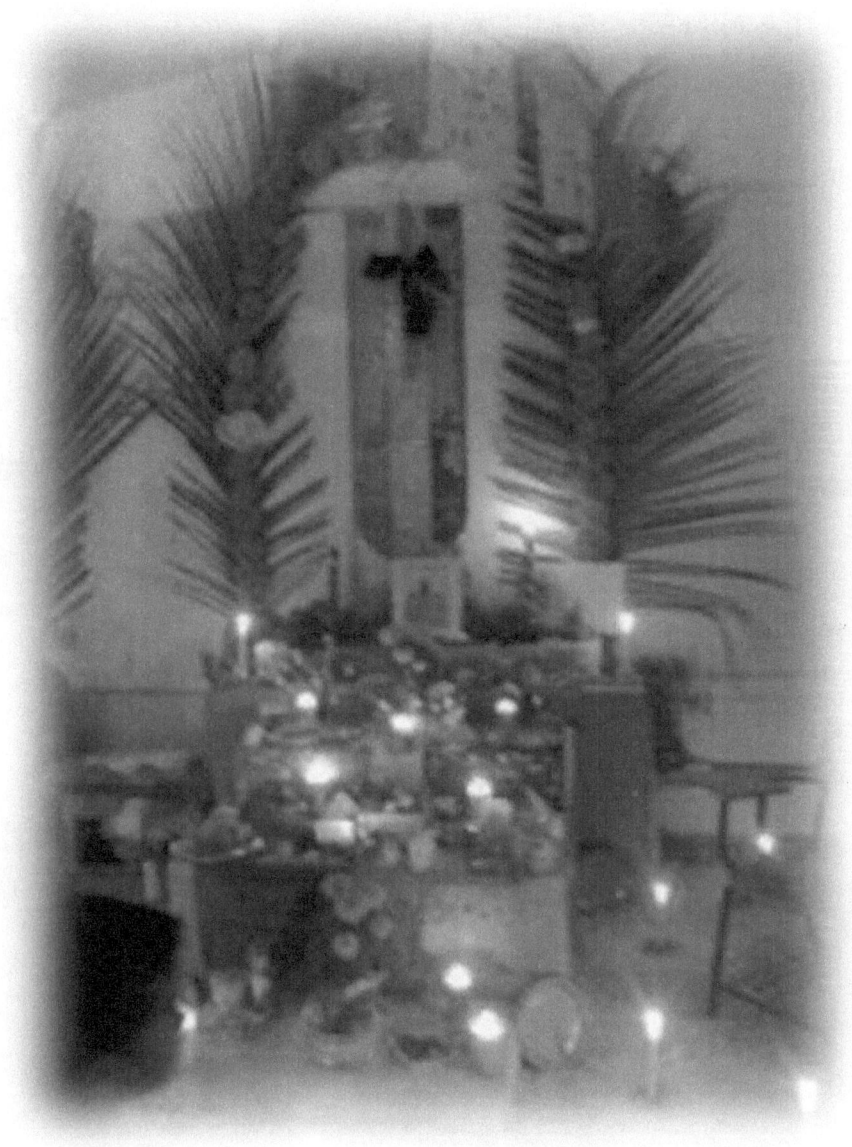

LA NIÑEZ DE MI PATRIA

Mirar las aves volar es signo de libertad,
todas las manos unidas son una señal de paz.

Una mirada refleja alegría en el corazón
la inocencia de los niños, transforma la humanidad.

Elevo mi voz al cielo pues quiero manifestar
que la niñez de mi patria, suplica por la hermandad

*Un niño es amor, brilla como el sol
en su corazón vive la ilusión.*

*Curar un enfermo, darle alimento
a quien esta hambriento, sueñan con esmero*

*La paz en el mundo pidió en un deseo,
porque sus papás fuerte discutieron*

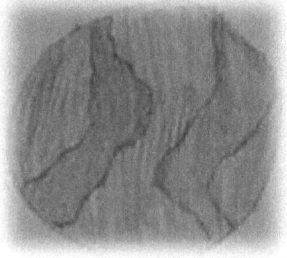

Quiero saltar o gritar, en el parque ir a jugar,
un cuento quiero escuchar para irme acostar.

Las calles son el hogar de niños abandonados,
cambiemos su realidad con amor y educación.

Somos una gran familia, compartamos nuestro amor,
sin raza ni religión, adiós discriminación.

*Con una sonrisa destruyen barreras,
ángeles del cielo, ejercito eterno.*

*La vida es fugaz, hay que disfrutar
los bellos momentos de felicidad.*

*No pido riquezas, ni lujos o herencias,
contigo a mi lado mis miedos se alejan.*

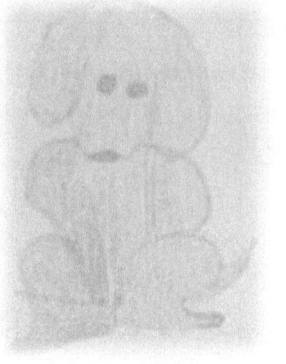

EL ARTE ES MI VIDA

El arte es una forma de expresar,
lo que siento lo que pienso lo que soy,
en la danza tu puedes encontrar,
movimientos con ritmo al bailar,

La cultura de la gente es singular,
y en el teatro ellos podrán representar,
situaciones de su vida habitual,
que demuestran la grandeza de su ser.

Por eso yo elegí esta carrera,
que pretende lograr desarrollar,
profesores que hagan bien su trabajo,
y demuestren sus alumnos lo que saben.

La música es una voz popular,
que refleja realidades en la vida,
la pintura, la escultura y otras más,
en la plástica podrás clasificar.

En el mundo existen grandes monumentos,
que se han hecho de diverso material,
muchas cosas que tenemos no sabemos,
con fantasía se pueden transformar.

Es por ello que estudio aquí en la BENU,
en artística quisiera innovar,
combinar la teoría en la clase
con la practica poderla demostrar

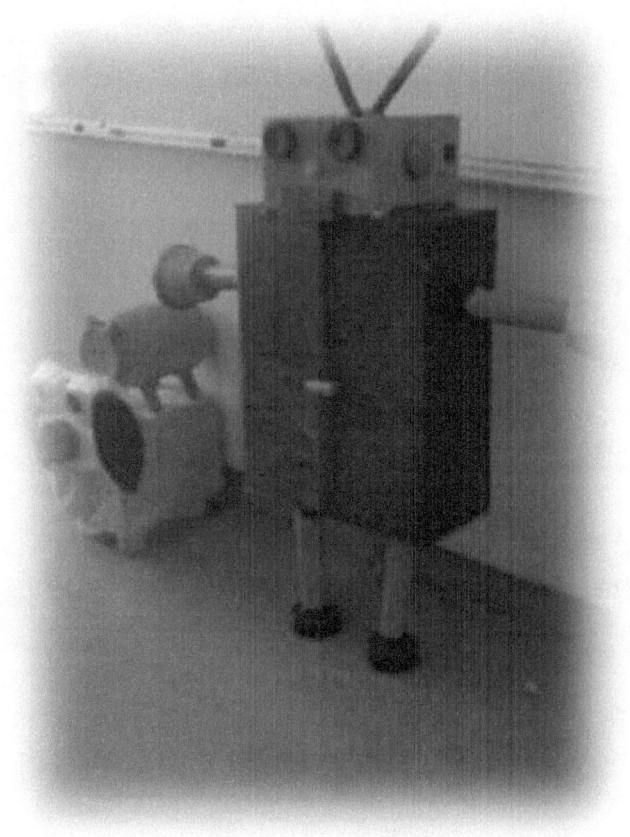

CESAR ALFREDO RIOS CALDERON

Al compás del bajo sexto voy a escribir un corrido,
con mucho agradecimiento se lo dedico a un amigo
Cesar Alfredo su nombre Ríos Calderón su apellido.

Es maestro preparado sus estudios lo demuestran
en la SEP le han asignado puestos de gran trascendencia
hoy en la normal urbana su experiencia se refleja.

Es un hombre muy sencillo servicial y de palabra
se pasea con sus amigos por toda sudcalifornia
de tradición campirana vive feliz en la Baja.

Su voluntad y talento se percibe en su trabajo
ha cumplido con esmero continuamente innovando
en la educación del pueblo que reconoce su esfuerzo.

Aficionado al deporte especialmente el futbol
desde niño había jugado en el barrio que nació
con su camisa amarilla águila de corazón

Camina siempre sonriendo disfrutando cada día
le gusta hacer su trabajo cuida mucho su familia
sus padres son gran ejemplo por sus hijos da la vida.

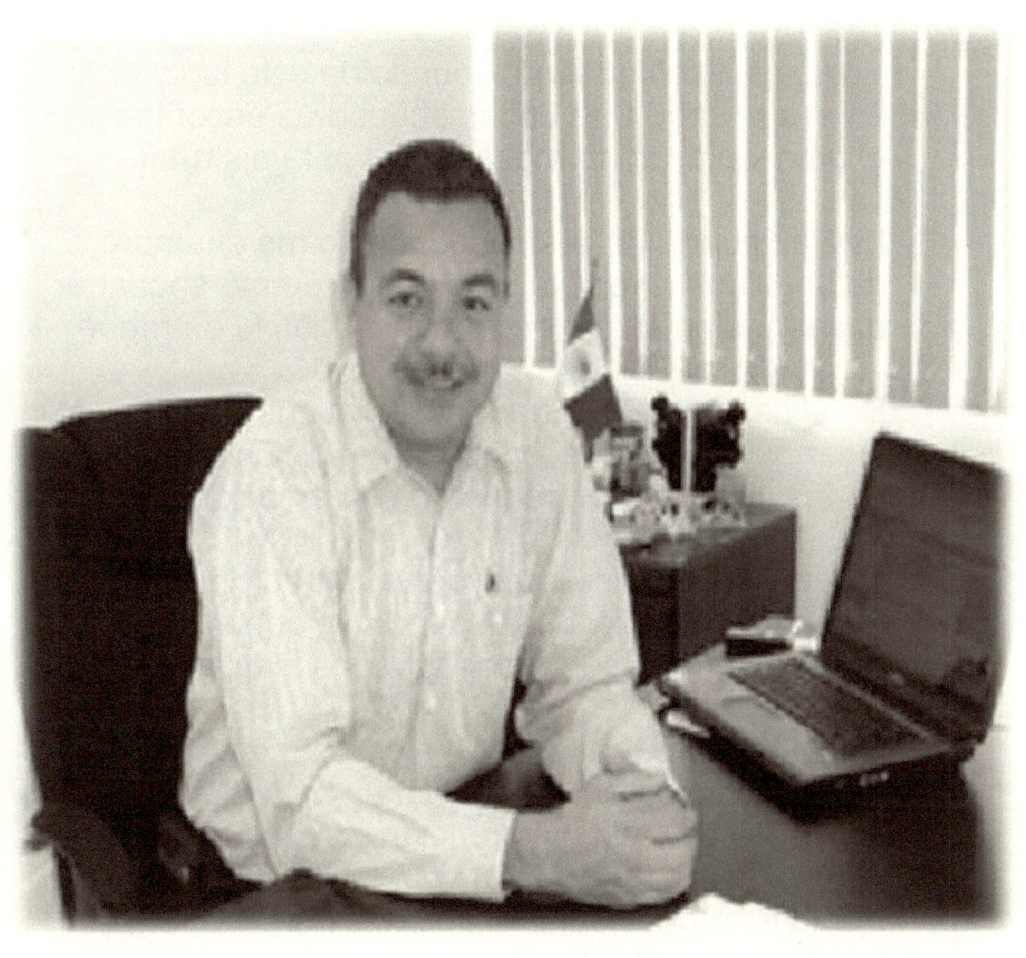

SOY SUDCALIFORNIANO

Yo soy sudcaliforniano, oriundo de este lugar,
en el sur Cabo San Lucas ahí podrás encontrar,
el arco y playas hermosas lugar para disfrutar.

La Paz puerto de ilusión, donde yo me enamoré,
de una linda jovencita, que una tarde me encontré,
paseando en su malecón, mi corazón le entregué.

En el centro de mi estado, se encuentra Constitución,
lugar que me vio nacer con la bendición de Dios,
en Insurgentes viví, recuerdo con emoción.

Loreto con su misión, conserva la tradición,
que dejaron los jesuitas en toda su población,
son gente trabajadora con arraigo y decisión.

Gentil Santa Rosalía, por tus calles me pasee,
de tradición extranjera recuerdan tu fundación
en las minas y el boleo reflejan su construcción.

Por la transpeninsular el desierto me cruce,
pase por la serranía y unas playas vislumbré,
atravesé el salitral porque a guerrero llegué.

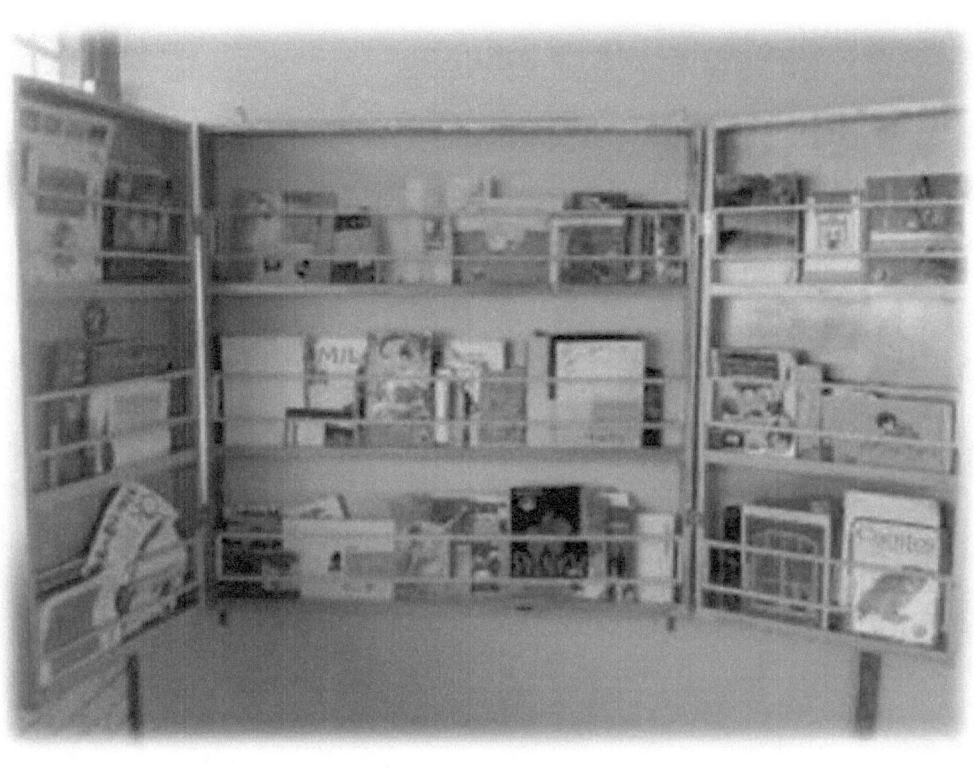

CANTO A MI PATRIA

Morena mi piel mestiza herencia de dos culturas,
que lucharon por ser libres en este bello lugar.

Mis raíces son aztecas, mi lenguaje es español,
mi raza criolla se esfuerza para el bien de la nación.

Mi patria es independiente, gobierno republicano,
fueron muchos los valientes que nuestro país forjaron.

Empuño mi mano al cielo como signo de victoria,
la revolución dejo progresos en nuestra historia.

En contra del mal gobierno la gente se pronunció,
buscando obtener su suelo al extranjero sacó.

Mi Bandera tricolor con su escudo Nacional,
me recuerda el gran valor por alcanzar la igualdad.

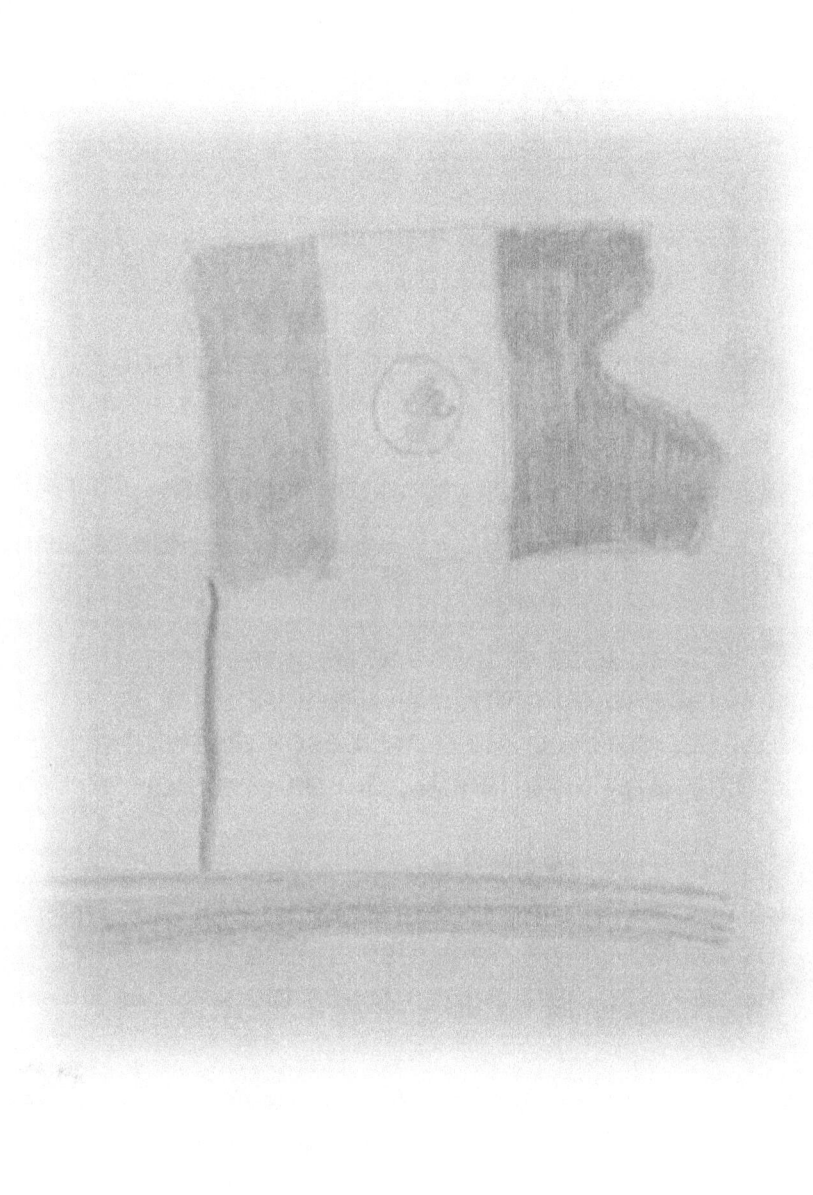

QUE TE VAYA BIEN

Arrepentida llegaste a mi vida,
implorando mis caricias y mis besos.
Arrojaste mi cariño a la basura
solo el tiempo tu recuerdo me ha borrado.

Una carta y una rosa me mandaste
informándome que ya no me querías,
destrozaste de repente mi autoestima.
Hoy te pido te alejes de mi vida.

Con pequeños detalles te adoraba,
en un beso mi mundo te entregaba,
los momentos que en tus besos disfrutaba
me dejaron una herida aquí en el alma.

Con respeto te pido que te vayas,
continua viajando sin sentido
tus acciones me demuestran que eres falsa
me despido para seguir mi camino.

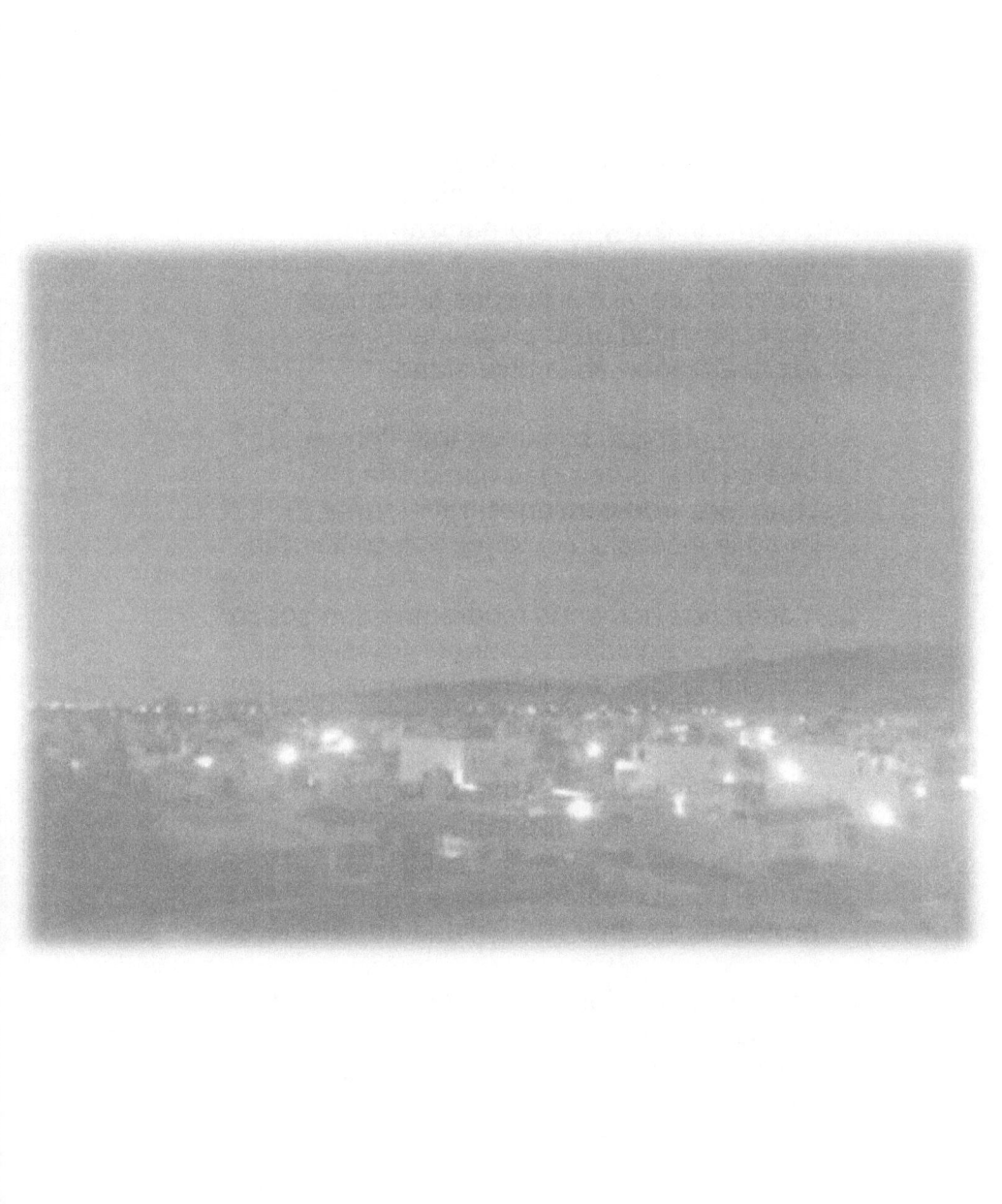

HIMNO AL INSTITUTO MCLAREN

En una sola voz busquemos la equidad
Para concientizar y así humanizar
Para concientizar y así humanizar

La realidad que vez la puedes tu cambiar
Si vez la alteridad en la diversidad
Si vez la alteridad en la diversidad

Buscamos utopías, soñamos transformar
La vida cotidiana desde la humanidad
Instituto McLaren comienza transformar
Dejando la inconciencia formando en libertad

Con derechos humanos tendremos que educar
Luchar por la equidad luchar por transformar
Luchar por la igualdad luchar por transformar

Preguntar y escuchar, pensar y criticar
A todas las escuelas queremos refundar
A todas las escuelas queremos refundar

Con nuestra ideología podemos orientar
La profesión docente con calidad social

Formemos un equipo basado en la amistad
Y en la contienda amigos luchar por mejorar
Instituto McLaren comienza transformar
Dejando la inconciencia formando en libertad
Dejando la inconciencia formando en libertad

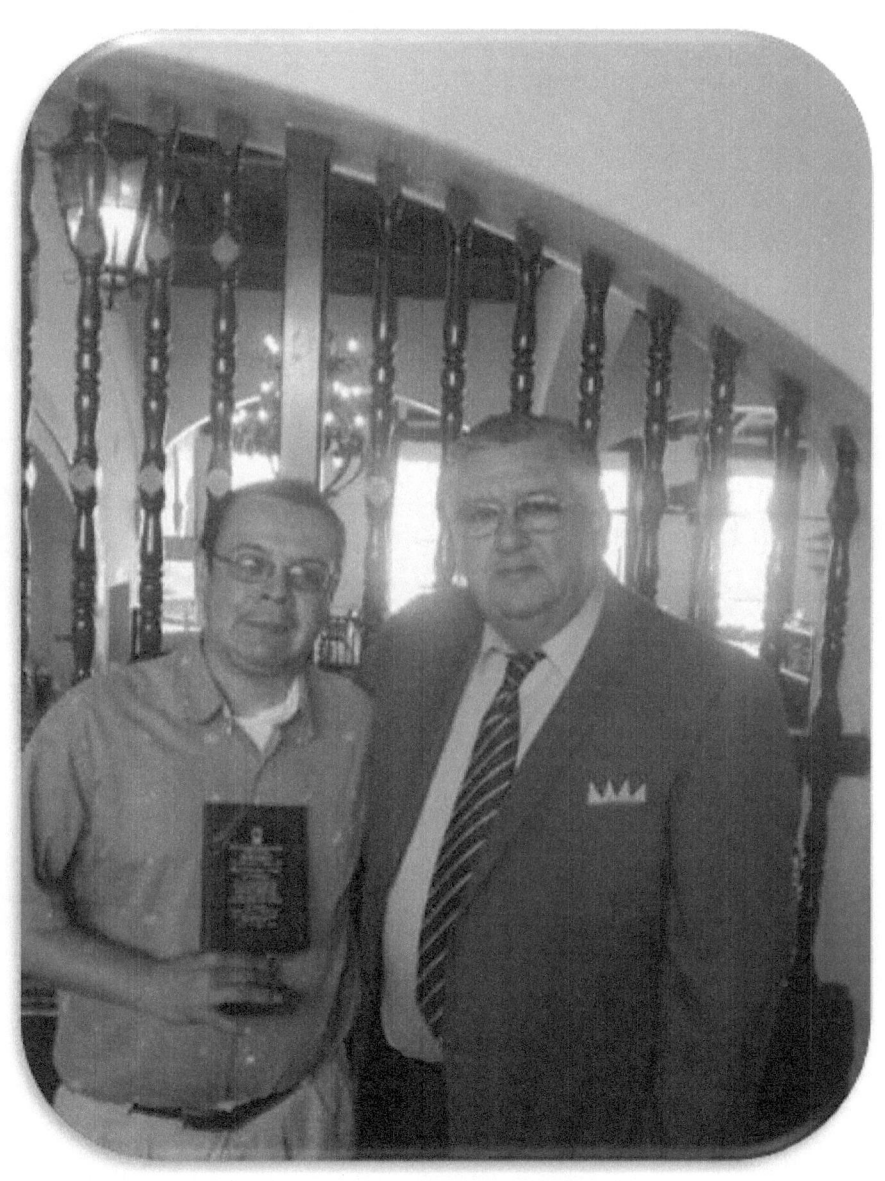

CANTO A DIOS

Viví mi vida sin rumbo,
hasta que encontré a dios,
él me tomo entre sus brazos
mis pecados perdonó.
Ahora lo llevo en el alma
dentro de mi corazón.

Soy instrumento de dios,
con humildad manifiesto,
sus palabras me alimentan,
en donde quiera que estoy,
su bendición me acompaña
es mi mejor protección

Tu ejemplo nos ilumina,
en el amor y el perdón
entre los seres humanos
no existe separación
solo barreras sociales
que el pecado nos dejo

Gracias dios eres mi guía
entrego mi alma al creador
todo lo que hay en mi vida
Dios me lo proporcionó
con mucho amor he cantado
los versos de una oración

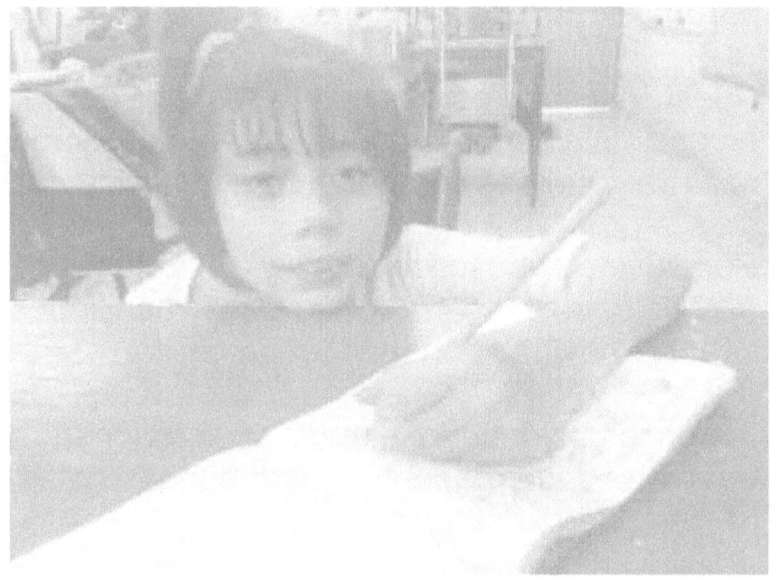

MARIO "MARITUS" ZARAGOZA

Joven con mucho talento, destacado en el deporte,
un amigo de la infancia que lucho por superarse
dejo su pueblo querido para seguir estudiando.

Todos le dicen Maritus, ese es Mario Zaragoza,
en Insurgentes lo miran luchando por su familia
porque un terrible accidente su vida le cambiaría.

Nuestro destino está escrito y es difícil descifrarlo
en ese viaje señores un milagro lo ha salvado,
mientras que sus compañeros ahí su vida dejaron.

Con ilusión él buscaba regalos pa su familia
porque de raite se iría al llegar las vacaciones
y recibir navidad con toda su palomilla.

Iba en la universidad, estudiaba agronomía,
trabajaba cada día, obteniendo buenas notas
pa' terminar su carrera, y regresar a la Toba.

Hoy lo vemos muy tranquilo dándole gracias a Dios
Se esfuerza por superarse disfrutando sus amigos
la vida nos da experiencias y sueños en ser mejor

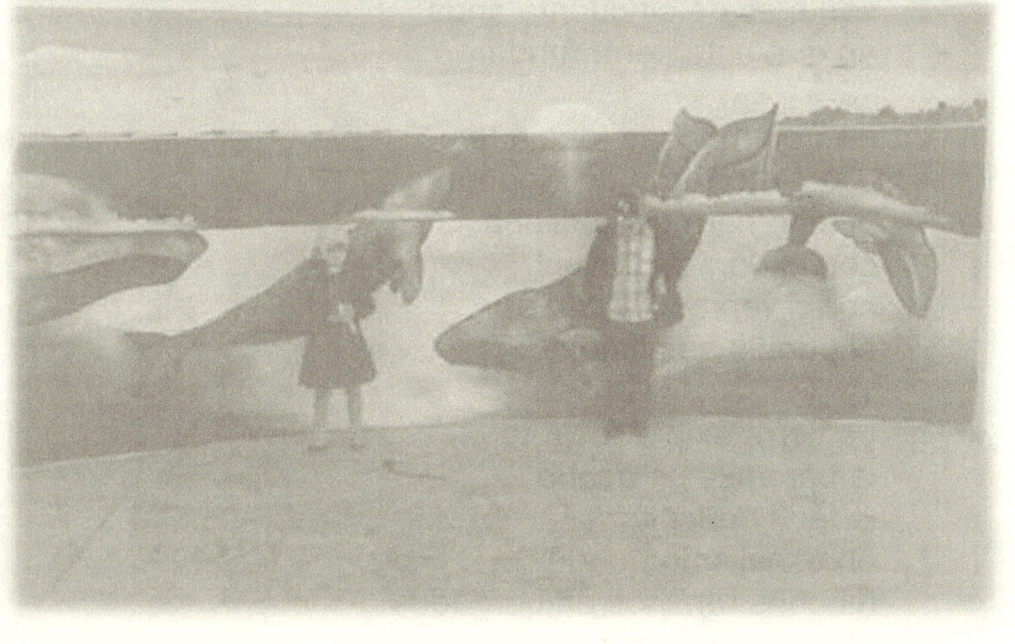

A CIUDAD CONSTITUCIÓN

Por la transpeninsular
al valle casi llegamos,
miro los campos sembrados
como estaban en antaño,
son más de cincuenta años
en que esta tierra fundaron.

Fueron muchas toneladas
que exportaron de algodón
el trigo hermoso brillaba
con el dorado del sol
con diversas hortalizas
el pueblo se alimentó.

La tierra exigió respeto
la bonanza se acabó
la fértil agricultura
en espejismo quedó
muchos ranchos embargados
malos manejos dejó.

Hoy Ciudad Constitución
poco a poco se transforma
por gente trabajadora
que no se dejó vencer
en comercios y servicios
pa poderse mantener.

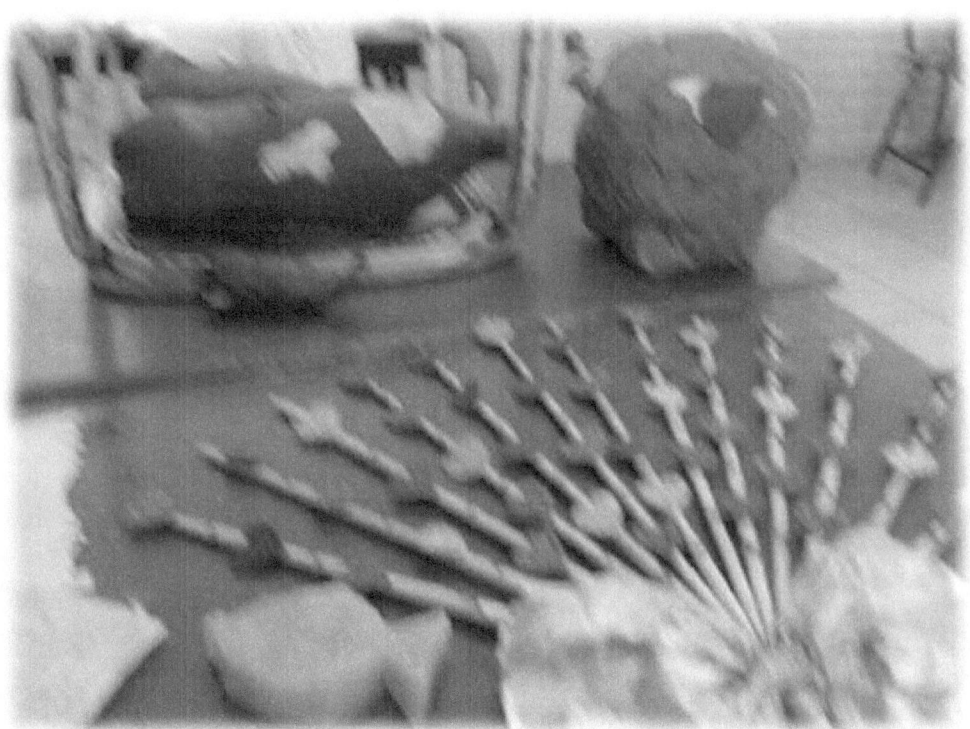

AL PROFE RUBÉN ALVARADO

Fue alegre de corazón, con la guitarra a su lado
estudio para maestro, hace ya más de treinta años
con cariño recordamos, profe Rubén Alvarado

Siempre con su mano amiga, a mucha gente ayudó
y se quedó en la toba, el pueblo que lo adoptó
en busca de su trabajo, desde la paz emigró

Le gustó mucho la pesca, también jugar al billar
con sus amigos del alma, siempre lo vieron pasear
ya sea en el monte o la playa, también por el boulevard

Dedicó todo su esfuerzo, formando una gran familia
sus cuatro hijos lo recuerdan, por su ejemplo que fue en vida
junto a su fiel compañera, la profe Olga, mi madrina

Sus nietas fueron su delirio, Carlita su adoración
le sigue siempre sus pasos, Ilse por ser la mayor
al igual que Heriberto, y Gissel con mucho amor

Amigos ya me despido, por la transpeninsular
entre La Paz y La Toba, siempre lo vieron viajar
dios bendiga a mi padrino, que fue un gran hombre ejemplar

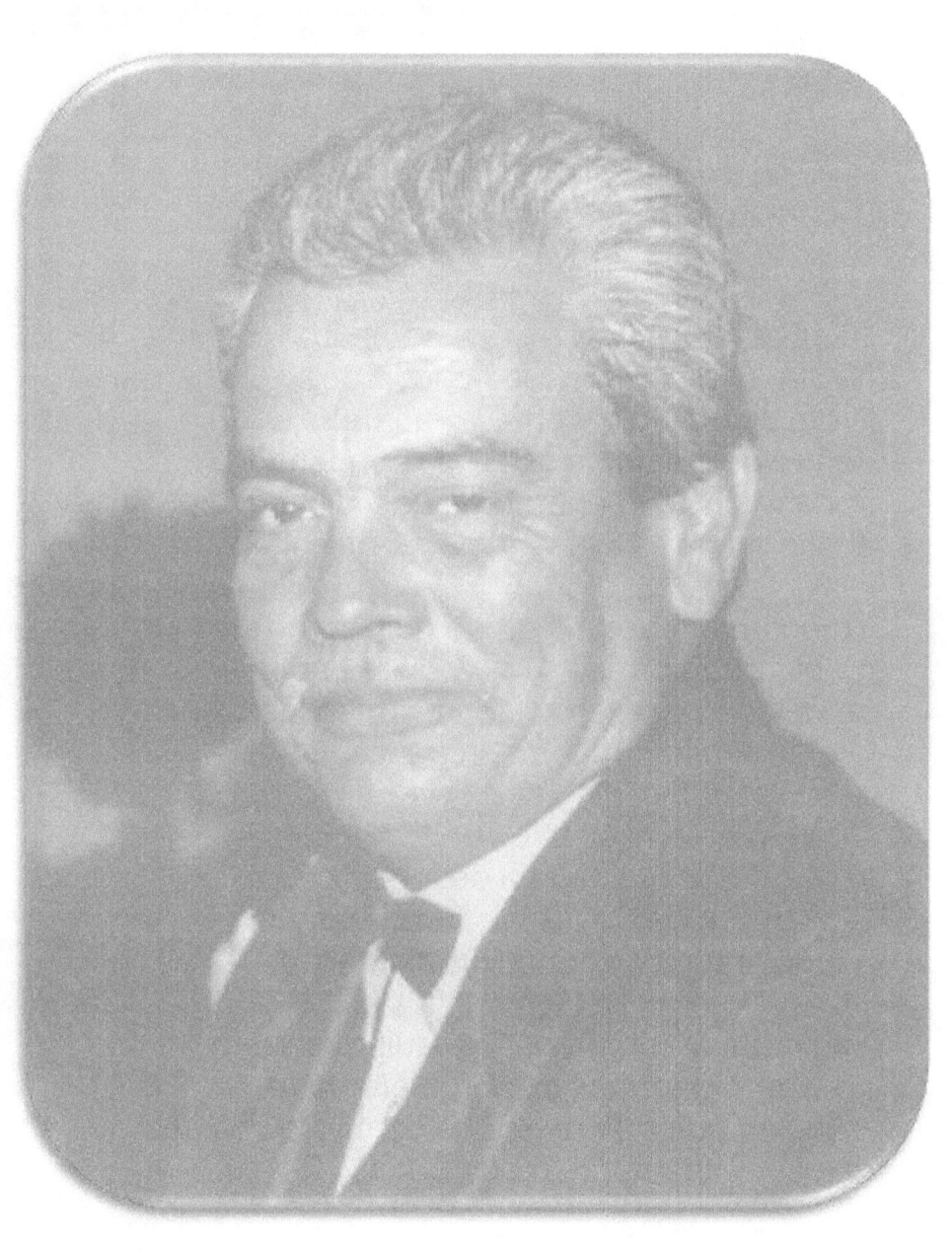

PROFE JUANA JULIA
(Canción: Cruz de Madera)

Despido a una amiga, que se ha jubilado;
hoy la felicito porque lo ha logrado.
Profe Juana Julia con su gran trabajo,
dentro de las aulas se ha desempeñado;
por eso nos dijo entre bromas y dichos
el día que me vaya cambiaran mis días.

Yo no quiero amparos, no quiero carrera
no quiero reformas yo no quiero nada.
Lo único que quiero es que canten los bekles
una serenata por la madrugada.

Cuando estemos juntos en el homenaje
lo único que pido como despedida
la gran compañía de mis familiares
a todos reunidos los quiero ese día.

Yo no quiero amparos, no quiero carrera
no quiero reformas yo no quiero nada.
Lo único que quiero es que canten los bekles
una serenata por la madrugada.

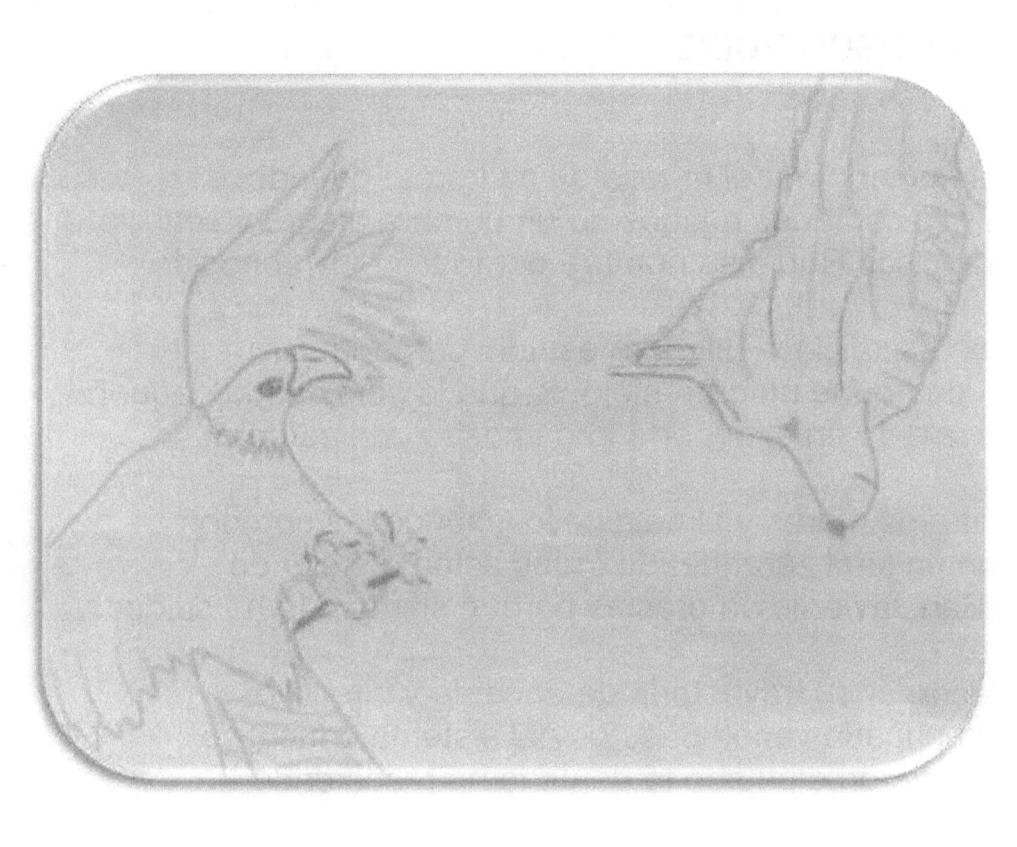

FRANCISCO RUBIO ROMERO

Caminando por el muelle de mi Loreto querido
quiero contarles amigos de un hombre alegre y sencillo
Francisco Rubio su nombre por todos muy conocido

Con sacrificio y esfuerzo estudió para maestro
su padre fue un gran ejemplo que lo guio desde pequeño
su talento en el deporte lo demostró con esmero

Entre palmares y almejas escuchando los corridos
con un jurel zarandeado todos están festejando
a San Javier le da gracias porque siempre lo ha cuidado.

Recordar su trayectoria de docente y directivo
ha ocupado varios puestos del sistema educativo
lo eligieron diputado la gente lo ha respaldado

Sus hijos son su tesoro el regalo más valioso
la compañía de su esposa que lo apoya en cualquier cosa
los nietos le han enseñado a valorar lo alcanzado.

Trabajó más de treinta años en esta noble labor
se retira de la escuela, porque ya se jubiló
con su familia querida el profe se despidió.

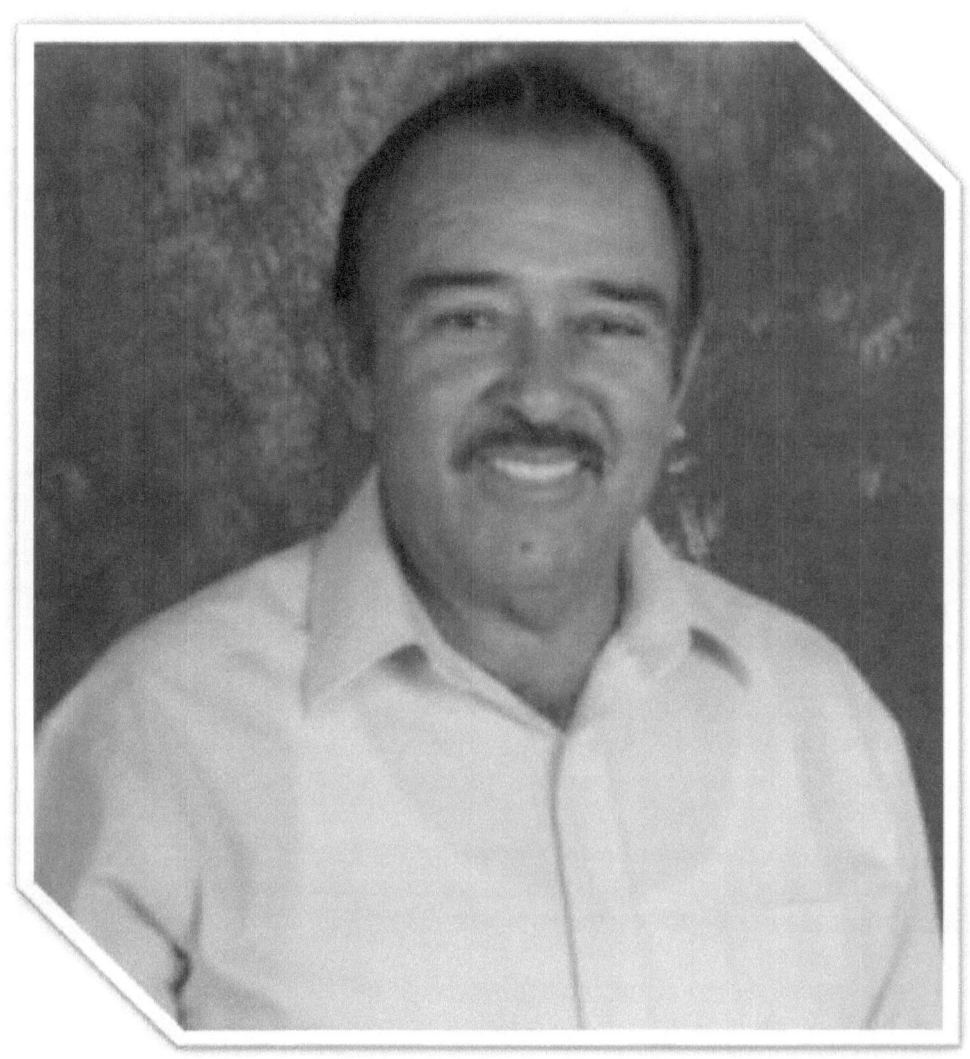

DON GILO CAMACHO

Un sábado 10 de agosto, corría el año dos mil trece,
Como poder explicar, lo que esa tarde ocurría,
Por cuestiones de salud, Don Gilo se despedía.

Nacido allá en Todos Santos, desde niño era valiente;
Paso muchas aventuras con su madre y sus hermanos
Viajo un tiempo a Mexicali, por cuestiones del destino.

Al regresar a su pueblo, impulso mucho el deporte,
detecto grandes talentos organizando torneos
En el rey de los deportes obtuvo muchos trofeos.

En las canchas deportivas ya no podrán saludarlo
Donde quiera que llegaba, todos se iban acercando
Fue su equipo preferido Cañeros de Todos Santos

La familia es lo primero así se los demostró,
Señora Socorro Castro usted siempre lo cuidó,
Educando a sus tres hijos con la bendición de Dios.

Jesús Vrigilio Camacho por el Terry conocido
Edson Ali y Saraid sus hijos agradecidos
Saben que allá desde el cielo contemplara sus caminos

A Don Virgilio Camacho le dedico estas palabras
Donde quiera que se encuentre su recuerdo está presente
Fueron muchas las historias que siempre traigo en mi mente

Del pueblo se despidió con un bonito homenaje
Adiós Don Gilo Camacho nos dejó muchos mensajes
Que Dios lo tenga en su gloria, sabemos que usted fue un grande.

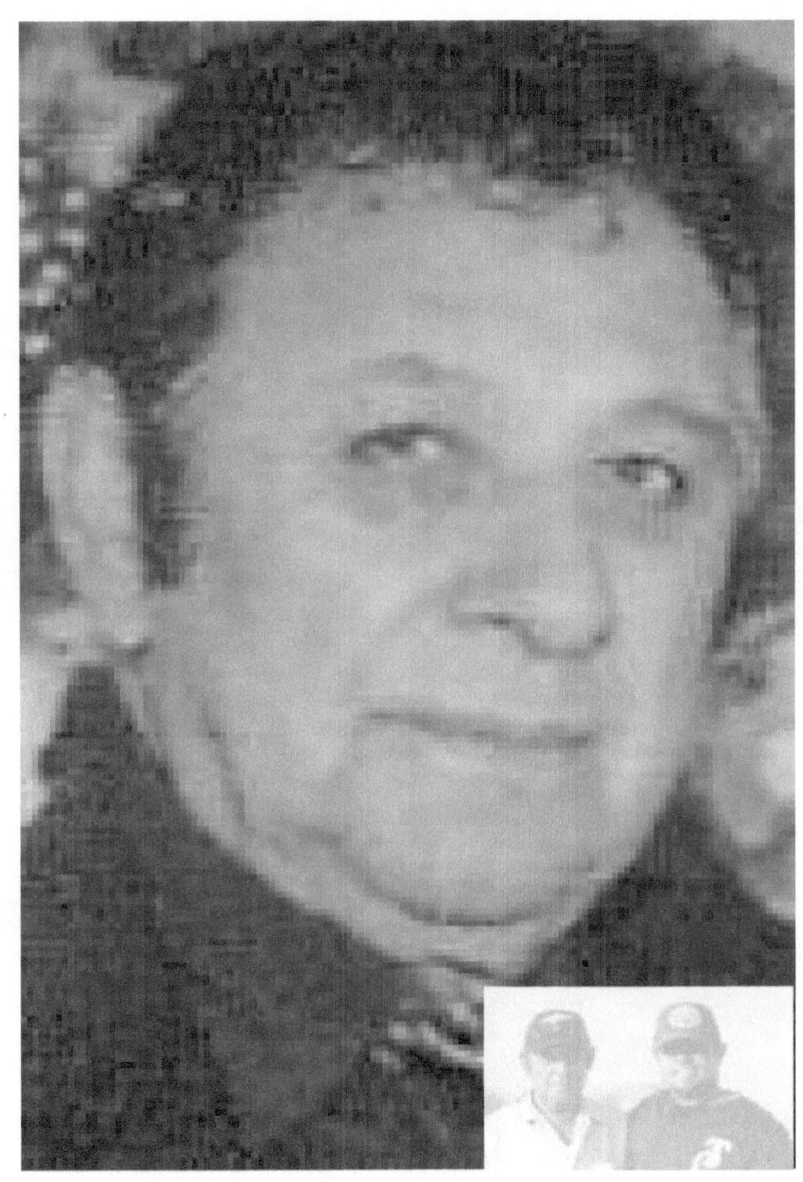

www.ingramcontent.com/pod-product-compliance
Lightning Source LLC
Chambersburg PA
CBHW030717220526
45463CB00005B/2090